D1734792

GEBURTSHÄUSER

BERÜHMTER DEUTSCHER DICHTER

GEBURTSHÄUSER

BERÜHMTER DEUTSCHER DICHTER

von
Hubert Georg Quarta

Europäische Bibliothek - Zaltbommel/Niederlande MCMLXXXII

D   ISBN 90 288 1808 1

Im Verlag Europäische Bibliothek in Zaltbommel/Niederlande erscheint unter anderem die nachfolgende Reihe:

IN ALTEN ANSICHTEN, *eine Buchreihe in der festgelegt wird wie eine bestimmte Gemeinde zu 'Großvaters Zeiten', das heißt in der Zeit zwischen 1880 und 1930, aussah. In dieser Reihe sind bisher in etwa 400 Einzelbänden Gemeinden und Städte in der Bundesrepublik dargestellt worden. Es ist geplant, diese Reihe fortzusetzen. Unter dem Titel* **In oude ansichten** *sind bisher etwa 1 250 Bände über Städte und Dörfer in den Niederlanden erschienen. In Belgien ist die Buchreihe mit* **In oude prentkaarten** *beziehungsweise* **En cartes postales anciennes** *betitelt und umfaßt 400 Bände. In Österreich und in der Schweiz sind unter dem Titel* **In alten Ansichten** *bisher 40 beziehungsweise 15 Bände erschienen. Weitere 150 Bände beschreiben Gemeinden und Städte in Frankreich, und zwar in der Buchreihe* **En cartes postales anciennes.**

Näheres über die erschienenen und geplanten Bände der verschiedenen Buchreihen erhalten Sie bei Ihrem Buchhändler oder direkt beim Verleger.

Dieses Buch wurde gedruckt und gebunden von dem Grafischen Betrieb De Steigerpoort in Zaltbommel/Niederlande.

EINLEITUNG

Das Haus, die Straße, der Ort, in die man zu einer bestimmten Zeit mit ihren ganz bestimmten Umständen hineingeboren wurde, all das, was man mit Hilfe der Eltern zum erstenmal bewußt erlebte, erste Umweltbegegnung und erste Freundschaften, ist Heimat, erste Heimat. Und je bewußter man dies erlebte, desto deutlicher bleibt die Heimat in der Erinnerung des Menschen, desto stärker bleiben die Bindungen an die Heimat wirksam.

So ist Heimat etwas Besonderes für einen jeden Menschen, ohne daß wir hiervon immer genaue Kenntnis erhalten; eingeprägt werden uns diese Beziehungen aber durch die Schilderungen derjenigen, die in der Lage sind, ihren Empfindungen, ihren Gefühlen besonderen Ausdruck zu verleihen, in den Schilderungen der Dichter. Dabei spielt nicht unbedingt eine Rolle, daß das Geburtshaus mit dem Haus der intensivsten Kindheitserinnerungen identisch ist, oder ob – wie zum Beispiel im Fall der Brüder Grimm, Thomas Manns oder Gertrud von le Forts und Hans Carossas – die Familie kurz nach Geburt des Kindes Wohnung oder gar Wohnort wechselte: hier steht das eine einfach für das andere.

Nicht immer – und wie könnte es auch anders sein – ist die Erinnerung an Kindheit und Heimat gleichzeitig Erinnerung an eine glückliche Zeit, doch sind negative Erfahrungen in dieser Hinsicht, wie wir wissen, glücklicherweise in der Minderheit. Häufig sind die Beispiele, in denen sich der Dichter erst gegen Ende seines Schaffens und Lebens der eigenen Kindheit gezielt wieder erinnert. Dabei fließen dann oft Authentisches und Erdachtes ineinander, es kommt zur Mischung von 'Dichtung und Wahrheit'. Immer aber bleibt die Faszination der Kindheitserinnerungen:

> *Ich nehm noch oft den Weg*
> *durch die gewohnte Gasse,*
> *daß hinterm Gitter schräg*
> *ich dort ein Haus erpasse.*
> (R.A. Schröder)

Ich bitte um Verständnis, wenn ich einige Dichter der deutschsprachigen Schweiz und aus Österreich in diesen Band mit aufgenommen habe.

Hubert Georg Quarta

Hans Jakob Christoffel von Grimmelshausen 1622-1676

1. *Wenn auch Zeit und Ort mit letzter Sicherheit nicht festzustellen sind, so ist aufgrund der bisherigen For-schungen doch anzunehmen, daß Christoffel von Grimmelshausen im Jahr 1622 in Gelnhausen an der Kinzig geboren wurde. Dafür sprechen der Trauungs-Eintrag im Offenburger Kirchenbuch vom 30. August 1649, in dem er* Herrn Johannis Christoffen geweßten Burger zu Gelnhausen hinerl. Ehel. Sohn *genannt wird, die Tatsache, daß eine Familie gleichen Namens in Gelnhausen seit 1566 nachgewiesen ist, und eine Reihe von Bemerkungen in seinen Werken, wodurch deutlich wird, daß Grimmelshausen viele Einzelheiten in dieser Stadt bekannt waren. Hier ein Beispiel aus dem 'Abenteuerlichen Simplicissimus', 1. Buch, 19. Kapitel:*

'Da es taget', füttert ich mich wieder mit Weizen, begab mich zum nächsten auf Gelnhausen, und fand daselbst die Tor' offen, welche zum Teil verbrennet, und jedoch noch halber mit Mist verschanzt waren: Ich ging hinein, konnte aber keines lebendigen Menschen gewahr werden, hingegen lagen die Gassen hin und her mit Toten überstreut, deren etliche ganz, etliche aber bis aufs Hemd ausgezogen waren. Dieser jämmerliche Anblick war mir ein erschrecklich Spektakel, maßen sich jedermann selbsten wohl einbilden kann, meine Einfalt konnte nicht ersinnen, was für ein Unglück den Ort in einen solchen Stand gesetzt haben müßte. Ich erfuhr aber ohnlängst hernach, daß die kaiserlichen Völker etliche Weimarischen daselbst überrumpelt. Kaum zween Steinwürf weit kam ich in die Stadt, als ich mich derselben schon satt gesehen hatte, derowegen kehrete ich wieder um, ging durch die Au nebenhin und kam auf eine gänge Landstraß, die mich vor die herrliche Festung Hanau trug...'

Aus: Grimmelshausen, Der abenteuerliche Simplicissimus, 1. Buch, 19. Kapitel. Winkler-Verlag, München 1956, Seiten 54/55.

Abbildung: Das Geburtshaus in der Schmidtgasse 12 zu Gelnhausen.

Gotthold Ephraim Lessing 1729-1781

2. 'Wie gerne wünschte ich mir diese Jahre zurück, die einzigen, in welchen ich glücklich gelebt habe.' *(1754)*
'...Ich wagte mich von meiner Stube unter meinesgleichen. Guter Gott! was vor eine Ungleichheit wurde ich zwischen mir und andern gewahr. Eine bäuersche Schichternheit, ein verwilderter und ungebauter Körper, eine gänzliche Unwissenheit in Sitten und Umgange, verhaßte Mienen, aus welchen jedermann seine Verachtung zu lesen glaubte, das waren die guten Eigenschaften, die mir bei meiner eignen Beurteilung übrig blieben...'
Aus einem Brief an die Mutter vom Januar 1749.

'...Allein, kann man von einem Menschen ohne Bedienung, ohne Freunde, ohne Glück viel Wichtigers sagen als seinen Namen? Noch kann ich mich durch wenig anders als durch diesen unterscheiden. Ich bin ein Oberlausitzer von Geburt; mein Vater ist oberster Prediger in Kamenz. — Welche Lobsprüche würde ich ihm nicht beilegen, wenn er nicht mein Vater wäre! — ...'
Aus einem Brief an den Göttinger Theologen Johann David Michaelis von 1754.

'Gut, alter Knabe, gut! Ich verstehe dich. Du warst ein so guter Mann und zugleich ein so hitziger Mann. Wie oft hast du mir es selbst geklagt, mit einer männlichen Träne in dem Auge geklagt, daß du so leicht dich erhitztest, so leicht in der Hitze dich übereiltest! Wie oft sagtest du mir: Gotthold, ich bitte dich, nimm ein Exempel an mir; sei auf deiner Hut! Denn ich fürchte, ich fürchte — und ich möchte mich doch wenigstens in dir gebessert haben. Ja wohl, Alter, ja wohl. Ich fühle es noch oft genug.'
Gotthold Ephraim Lessing über seinen Vater.

Alle Zitate aus: Wolfgang Drews, Gotthold Ephraim Lessing in Selbstzeugnissen und Bilddokumenten. Rowohlt-Bildmonographien, Band 75, Seiten 13, 14, 20 und 26. Reinbek bei Hamburg 1962.

Abbildung: Lessings Geburtshaus in Kamenz/Lausitz.
(Zeichnung von H. Fröhlich.)

Matthias Claudius 1740-1815

3.   IM MAI

Tausend Blumen um mich her,
Wie sie lachend stehn!
Adam hat nicht lachender
Sie am Phrat gesehn.

Hier, die schöne grüne Flur,
Hier der Wald und der Waldgesang!
Oh Natur, Natur,
Habe Dank!

BEI DEM GRABE MEINES VATERS

Friede sei um diesen Grabstein her!
Sanfter Friede Gottes! Ach, sie haben
Einen guten Mann begraben,
Und mir war er mehr;

Träufte mir von Segen, dieser Mann,
Wie ein milder Stern aus bessern Welten!
Und ich kann's ihm nicht vergelten,
Was er mir getan.

Er entschlief; sie gruben ihn hier ein.
Leiser, süßer Trost, von Gott gegeben,
Und ein Ahnden von dem ew'gen Leben
Düft' um sein Gebein!

Bis ihn Jesus Christus, groß und hehr,
Freundlich wird erwecken — ach, sie haben
Einen guten Mann begraben,
Und mir war er mehr.

Aus: Matthias Claudius, Werke in einem Band, Volksverband der Bücherfreunde, Verlag GmbH, Berlin o.J., Seiten 30 und 32. Lizenzausgabe, mit Genehmigung des Hoffman und Campe Verlages, Hamburg.

Abbildung: Die Geburtsstätte des Dichters in Reinfeld/Holstein.

Johann Heinrich Jung, genannt Jung-Stilling 1740-1817

4. 'In Westfalen liegt ein Kirchsprengel in einem sehr bergigen Landstriche, von dessen Höhen man viele kleine Grafschaften und Fürstentümer übersehen kann. Das Kirchdorf heißt Florenburg *(Hilchenbach)*; die Einwohner aber haben von altersher einen Ekel vor dem Namen eines Dorfes gehabt, und daher, ob sie gleich auch von Ackerbau und Viehzucht leben müssen, vor den Nachbarn, die bloße Bauern sind, immer einen Vorzug zu behaupten gesucht, die ihnen aber auch dagegen nachsagten, daß sie vor und nach den Namen Florendorf verdrängt und an dessen Statt Florenburg eingeführt hätten; dem sei aber wie ihm wolle, es ist wirklich ein Magistrat daselbst, dessen Haupt zu meiner Zeit Johannes Henrikus Scultetus war. Ungeschlachte, unwissende Leute nannten ihn außer dem Rathause Meister Hans, hübsche Bürger pflegten doch auch wohl Meister Schulte zu sagen.

Eine Stunde von diesem Orte südostwärts liegt ein kleines Dörfchen, Tiefenbach *(Grund),* von seiner Lage zwischen Bergen so genannt, an deren Füßen die Häuser zu beiden Seiten des Wassers hängen, das sich aus den Tälern von Süd und Nord her just in die Enge und Tiefe zum Fluß hinsammelt. Der östliche Berg heißt der Giller, geht steil auf, und seine Fläche, nach Westen gekehrt, ist mit Maibuchen dicht bewachsen. Von ihm ist eine Aussicht über Felder und Wiesen, die auf beiden Seiten durch hohe verwandte Berge gesperrt wird. Sie sind ganz mit Buchen und Eichen bepflanzt, und man sieht keine Lücke, außer wo manchmal ein Knabe einen Ochsen hinauf treibt und Brennholz auf halb gebahntem Weg zusammenschleppt.

Unten am nördlichen Berge, der Geisenberg genannt, der wie ein Zuckerhut gegen die Wolken steigt, und auf dessen Spitze Ruinen eines alten Schlosses liegen, steht ein Haus, worin Stillings Eltern und Voreltern gewohnt haben...'

Aus: Heinrich Stillings Jugend, Deutsche Bibliothek Berlin, o.J. Druck der Spamerschen Buchdruckerei Leipzig (herausgegeben von Hanns Holzschuher).

Abbildung: Das Geburtshaus in Grund bei Siegen.

Johann Wolfgang Goethe 1749-1832

5. *J.W. Goethe wurde im Jahr 1749 in einem alten Fachwerkhaus auf dem Grundstück des jetzigen Hauses am Hirschgraben geboren; die Keller sind noch erhalten. Das uns bekannte Haus, in dem Goethe aufwuchs, wurde 1755 von Goethes Vater um-, besser neuerbaut.*

'...Wir hatten die Straße, in welcher unser Haus lag, den Hirschgraben nennen hören; da wir aber weder Graben noch Hirsche sahen, so wollten wir diesen Ausdruck erklärt wissen. Man erzählte sodann, unser Haus stehe auf einem Raum, der sonst außerhalb der Stadt gelegen, und da, wo jetzt die Straße sich befinde, sei ehmals ein Graben gewesen, in welchem eine Anzahl Hirsche unterhalten worden. Man habe diese Tiere hier bewahrt und genährt, weil nach einem alten Herkommen der Senat alle Jahre einen Hirsch öffentlich verspeiset, den man denn für einen solchen Festtag hier im Graben immer zur Hand gehabt, wenn auch auswärts Fürsten und Ritter der Stadt ihre Jagdbefugnis verkümmerten und störten, oder wohl gar Feinde die Stadt eingeschlossen oder belagert hielten. Dies gefiel uns sehr, und wir wünschten, eine solche zahme Wildbahn wäre auch noch bei unsern Zeiten zu sehen gewesen. Die Hinterseite des Hauses hatte, besonders aus dem oberen Stock, eine sehr angenehme Aussicht über eine beinah' unabsehbare Fläche von Nachbarsgärten, die sich bis an die Stadtmauern verbreiteten. Leider aber war, bei Verwandlung der sonst hier befindlichen Gemeindeplätze in Hausgärten, unser Haus und noch einige andere, die gegen die Straßenecke zu lagen, sehr verkürzt worden, indem die Häuser vom Roßmarkt her weitläufige Hintergebäude und große Gärten sich zueigneten, wir aber uns durch eine ziemlich hohe Mauer unseres Hofes von diesen so nah gelegenen Paradiesen ausgeschlossen sahen. Im zweiten Stock befand sich ein Zimmer, welches man das Gartenzimmer nannte, weil man sich daselbst durch wenige Gewächse vor dem Fenster den Mangel eines Gartens zu ersetzen gesucht hatte. Dort war, wie ich heranwuchs, mein liebster, zwar nicht trauriger, aber doch sehnsüchtiger Aufenthalt. Über jene Gärten hinaus, über Stadtmauern und Wälle sah man in eine schöne, fruchtbare Ebene: es ist die, welche sich nach Höchst hinzieht. Dort lernte ich Sommerszeit gewöhnlich meine Lektionen, wartete die Gewitter ab und konnte mich an der untergehenden Sonne, gegen welche die Fenster gerade gerichtet waren, nicht satt genug sehen...'
Johann Wolfgang Goethe, Dichtung und Wahrheit, 1. Buch.

Abbildung: Das Geburtshaus am Hirschgraben zu Frankfurt am Main.

Friedrich Schiller 1759-1805

6. *Friedrich Schiller hat sich über die frühe Zeit seines Lebens, über sein Geburtshaus, den Geburtsort und die nähere Umgebung Marbachs nie schriftlich geäußert. Ein Grund hierfür mag darin zu sehen sein, daß die Familie, nachdem sie zeitweise zu gewissem Wohlstand und Ansehen gelangt war, bald in wirtschaftliche Bedrückung geriet. So wird auch Friedrich den Umzug in das reiche Bauerndorf Lorch bei Schwäbisch Gmünd als wohltuend, die neue Heimat als eigentliches Wunschbild einer glücklichen Kindheit empfunden haben.*

Das Kind in der Wiege.

Glücklicher Säugling! Dir ist ein unendlicher Raum noch die Wiege;
Werde Mann, und dir wird eng die unendliche Welt.

Aus: Die Glocke.

'...Denn mit der Freude Feierklange/ Begrüßt sie das geliebte Kind/ Auf seines Lebens erstem Gange,/ Den es in Schlafes Arm beginnt;/ Ihm ruhen noch im Zeitenschoße/ Die schwarzen und die heitern Lose,/ Der Mutterliebe zarte Sorgen/ Bewachen seinen goldnen Morgen...'
'...Und der Vater mit frohem Blick/ Von des Hauses weitschauendem Giebel/ Überzählet sein blühendes Glück,/ Siehet der Pfosten ragende Bäume/ Und der Scheunen gefüllte Räume/ Und die Speicher, vom Segen gebogen,/ Und des Kornes bewegte Wogen,/ Rühmt sich mit stolzem Mund:/ Fest, wie der Erde Grund,/ Gegen des Unglücks Macht/ Steht mir des Hauses Pracht!...'

Abbildung: Schillers Geburtshaus in Marbach am Neckar.

Johann Peter Hebel 1760-1826

7.   ERINNERUNG AN BASEL

Z'Basel an mim Rhi,
jo dört möchti si!
Weiht nit d'Luft so mild und lau
und der Himmel ist so blau
an mim liebe Rhi!

Wie ne freie Spatz
uffem Petersplatz
fliegi um, und's wird mer wohl
wie im Buebikamisol
uffem Petersplatz.

In der Münsterschuel
uf mim herte Stuehl
magi zwor jetz nüt meh ha,
d'Töpli stöhn mer nümmen a
in der Basler Schuel...

Uf der grüene Schanz,
in der Sunne Glanz,
wonni Sinn und Auge ha,
lacht's mi nit so lieblig a
bis go Sante Hans.

*Aus: 'Johann Peter Hebels Werke', herausgegeben von Wilhelm Altweg, 2 Bände, 2. Auflage, Zürich 1958. Band 1,
Seite 229 f.*

'Wundert euch nicht, meine Freunde, wenn ich zum erstenmal, da ich vor euch auftrete, von mir selbst mit euch
rede... Ich bin von armen, aber frommen Eltern geboren, habe die Hälfte der Zeit in meiner Kindheit bald in
einem einsamen Dorf, bald in den vornehmen Häusern einer berühmten Stadt zugebracht. Da habe ich frühe
gelernt arm sein und reich sein. Wiewohl, ich bin nie reich gewesen; ich habe gelernt nichts haben, mit den
Fröhlichen froh sein und mit den Weinenden traurig... Ich habe schon in dem zweiten Jahre meines Lebens
meinen Vater, in dem dreizehnten meine Mutter verloren. Aber der Segen ihrer Frömmigkeit hat mich nie
verlassen. Sie hat mich beten gelehrt; sie hat mich gelehrt an Gott glauben, auf Gott vertrauen, an seine Allgegen-
wart denken. Die Liebe vieler Menschen, die an ihrem Grabe weinten und in der Ferne sie ehrten, ist mein bestes
Erbteil geworden, und ich bin wohl dabei gefahren... Gott hat mir an Elternstatt wohltätige Berater meiner
Jugend und treue Lehrer der weltlichen Weisheit und des geistlichen Berufes gegeben. Sie schlafen im Frieden;
aber ich erfülle eine Pflicht der Dankbarkeit, indem ich ihrer gedenke...'
Quelle siehe oben, Band 1, Seite 550 f.

Abbildung: Geburtshaus in Basel, Totentanz 2.

Jean Paul (Johann Paul Friedrich Richter) 1763-1825

8. '...Ich kehre endlich zu dem Helden und Gegenstande unserer historischen Vorlesungen zurück (und) hebe besonders den Umstand heraus, daß ich in Wonsiedel (unrichtiger Wunsiedel), einer Stadt am Fichtelgebirge, geboren bin...

— Von jeher war in Wonsiedel, der sechsten Stadt in den sogenannten Sechsämtern, wenigstens für Patriotismus und für Vereine zu Hülfe und zu Recht, ein sechster Schöpfungstag und deutsche Treue und Liebe und Kraft hielten sich da auf. — Wie gern bin ich in dir geboren, Städtchen am langen hohen Gebirge, dessen Gipfel wie Adlerhäupter zu uns niedersehn! — Deinen Bergthron hast du verschönert durch die Thronstufen zu ihm; und deine Heilquelle gibt die Kraft — nicht dir, sondern — dem Kranken, hinaufzusteigen zum Thronhimmel über sich und zum Beherrschen der weiten Dörfer- und Länderebene. — Ich bin gern in dir geboren, kleine, aber gute lichte Stadt! — ...

Ich bin zu meiner Freude imstande, aus meinem zwölf-, wenigstens vierzehnmonatlichen Alter eine bleiche kleine Erinnerung, gleichsam das erste geistige Schneeglöckchen aus dem dunkeln Erdboden der Kindheit noch aufzuheben. Ich erinnere mich nämlich noch, daß ein armer Schüler mich sehr liebgehabt und ich ihn und daß er mich immer auf den Armen — was angenehmer ist als später oft auf den Händen — getragen und daß er mir in einer großen schwarzen Stube der Alumnen Milch zu essen gegeben...'

Aus: Jean Paul, Selberlebensbeschreibung/Konjektural-Biographie, Seiten 13, 14, 15. Philipp Reclam jun., Stuttgart 1977.

Abbildung: Jean Pauls Geburtshaus in Wunsiedel/Fichtelgebirge um 1920.

Friedrich Hölderlin 1770-1843

9. '...Bis an die Grenze des Lands, wo mir den lieben Geburtsort/ Und die Insel des Stroms blaues Gewässer umfließt./ Heilig ist mir der Ort, an beiden Ufern, der Fels auch,/ Der mit Garten und Haus grün aus den Wellen sich hebt./ Dort begegnen wir uns; o gütiges Licht! wo zuerst mich/ Deiner gefühlteren Strahlen mich einer betraf./ Dort begann und beginnt das Leben von neuem;/ Aber des Vaters Grab seh ich und weine dir schon? ...'
Aus: Stuttgart (an Siegfried Schmid) Seiten 82/83.

DIE HEIMAT

Froh kehrt der Schiffer heim an den stillen Strom,
Von Inseln fernher, wenn er geerntet hat;
So käm auch ich zur Heimat, hätt ich
Güter so viele, wie Leid, geerntet.

Ihr teuern Ufer, die mich erzogen einst,
Stillt ihr der Liebe Leiden, versprecht ihr mir,
Ihr Wälder meiner Jugend, wenn ich
Komme, die Ruhe noch einmal wieder?

Am kühlen Bache, wo ich der Wellen Spiel,
Am Strome, wo ich gleiten die Schiffe sah,
Dort bin ich bald; euch traute Berge,
die mich behüteten einst, der Heimat

Verehrte sichre Grenzen, der Mutter Haus
Und liebender Geschwister Umarmungen
Begrüß ich bald und ihr umschließt mich,
Daß, wie in Banden, das Herz mir heile,

Ihr treugebliebnen! aber ich weiß, ich weiß,
Der Liebe Leid, dies heilet so bald mir nicht,
Dies singt kein Wiegensang, den tröstend
Sterbliche singen, mir aus dem Busen.

Denn sie, die uns das himmlische Feuer leihn,
Die Götter schenken heiliges Leid uns auch,
Drum bleibe dies. Ein Sohn der Erde
Schein ich; zu lieben gemacht, zu leiden.

Aus: Friedrich Hölderlin, Werke in einem Band, Lizenzausgabe des Volksverbandes der Bücherfreunde, Verlag GmbH, Berlin, mit Genehmigung des Hoffmann und Campe Verlages, Hamburg o.J., Seiten 56/57.

Abbildung oben: Das 'Dörfle' bei Lauffen am Neckar; links Hölderlins Geburtshaus.
(Bleistiftzeichnung, Anfang des 19. Jahrhunderts.)
Abbildung unten: Hölderlins Geburtshaus.

Heinrich von Kleist 1777-1811

10. *Heinrich von Kleist nennt seine Heimatstadt und die sie umgebende Hügellandschaft einmal ein* Miniatur-gemälde. *Über seine Kindheit in dieser relativ bescheidenen Umwelt äußert er sich kaum, er empfindet sie als* freudlos. *Hier die wenigen Äußerungen aus seinen Briefen im Wortlaut:*

'...Ja, mein liebes Mädchen, das ist ein anderer Stil von Gegend, als man in unserm traurigen märkischen Vater-lande sieht. Zwar ist das Tal, das die Oder ausspült, besonders bei Frankfurt sehr reizend. Aber das ist doch ein bloßes Miniatürgemälde...'
In einem Brief an Wilhelmine von Zenge aus Zwickau vom 5. September 1800.

'...Was ist erhebend? Ein Sonnenaufgang; ein Choral am Morgen (ich denke an die schönen Morgen, wenn ich in unsrem Garten arbeitete, und der Choral der Hoboisten aus dem Eurigen zu mir herüberscholl) – ...'
In einem Brief an Wilhelmine von Zenge aus Berlin vom 29./30. November 1800.

'...Mein liebes Ulrikchen, ich bin auf 8 Tage in Frankfurt, aber nicht so vergnügt, als wenn Du hier wärest...'
In einem Brief an seine Schwester Ulrike aus Frankfurt a.d. Oder vom Dezember 1800.

'...so lege Dich ruhig auf Dein Lager und denke mit Zuversicht an mich, der vielleicht in demselben Augenblicke mit derselben Zuversicht an Dich denkt, und hoffe – nicht zu heiß, aber auch nicht zu kalt – auf bessere Augenblicke als die schönsten in der Vergangenheit ––– auf bessere noch? – Ich sehe das Bild, und die Nadeln, und Vossens 'Luise' und die Gartenlaube und die mondhellen Nächte...'
In einem Brief an Wilhelmine von Zenge aus Berlin vom 22. März 1801.

'...Lebe wohl und grüße die Unsrigen von Herzen. Schreib mir doch recht viel von den neuen Verhältnissen im Hause durch Gustels Heirat...'
In einem Brief an Ulrike von Kleist aus Thun vom 19. Februar 1802.

Alle Briefauszüge aus: Heinrich von Kleist – Sämtliche Werke. Emil Vollmer Verlag, Wiesbaden o.J. (Reihe: Die Tempel-Klassiker.)

Abbildung: Kleists Geburtshaus im sogenannten Nonnenwinkel zu Frankfurt an der Oder (1945 zerstört).

Clemens Brentano 1778-1842

11. AUS DER KINDHEIT

In weiter Kammer schlief ich und die Brüder
Auf stillen Betten, die der Traum umspielet;
Der Amme Lied ertönte still, und nieder
Die Winternacht mit kalten Sternen zielet.
Gesegnet seid, ihr ernsten nächtgen Scheine,
die ihr mir in die junge Seele fielet!
Ich fühlte ruhig mich, in Frieden klar und reine;
Der Brüder Herzen hört' ich um mich schlagen,
Ergötzt war meine Brust, ich wacht' alleine,
Hört sie im Traum die kindschen Wünsche klagen.
Der eine sprach von Wagen und von Rossen.
'Hinan, hinan!' hört ich die Schwester sagen,
'Ein Auge schließ ich auf der Leiter Sprossen,
Daß mich der tiefe Abgrund nicht ergrause.'
Sie wußte nicht, daß beide sie geschlossen.
Die andre sprach von ihrem Blumenstraußße,

Wie er schon wieder frisch erblühen werde;
Und die ihr nah: 'O tritt die Spitzenkrause
Mir nicht so liederlich hin an die Erde!'
Doch ferner schlummert einer; heftig bebet
Sein Busen, und mit trotziger Gebärde
Spricht er: 'Seht hin, Geliebte, seht, es schwebet
Der Luftball hoch, ich habe ihn erfunden!'
Dann wirft er sich im Bette, hoch erhebet
Die Füße er, das Haupt hängt er nach unten.
Des Fensters Schatten lag gleich einer Leiter
Auf seiner Decke; künstlich eingewunden
Erseufzt er tief und schlummert lächelnd weiter.
Auf eines Mägdleins Bette glatt gestrichen
Erglänzt zur andern Seite Mondschein heiter;
Die weißen Röcklein auf dem Stuhle glichen
Zwei Engeln, die ihr still zum Haupte wachten...

Aus: Clemens Brentano, Werke in einem Band, Seiten 31/32. Volksverband der Bücherfreunde, Berlin, o.J., mit Genehmigung des Hoffman und Campe Verlages, Hamburg.

Abbildung: Das Geburtshaus des Dichters in Koblenz-Ehrenbreitstein (1942).
Foto aus: Moselland-Kulturpolitische Monatshefte, März 1942.

Adelbert von Chamisso 1781-1838

12.   DAS SCHLOSS BONCOURT

Ich träum als Kind mich zurücke
und schüttle mein greises Haupt;
wie sucht ihr mich heim, ihr Bilder,
die lang ich vergessen geglaubt.

Hoch ragt aus schattgen Gehegen
ein schimmerndes Schloß hervor,
ich kenne die Türme, die Zinnen,
die steinerne Brücke, das Tor.

Es schauen vom Wappenschilde
die Löwen so traulich mich an;
ich grüße die alten Bekannten
und eile den Burghof hinan.

Dort liegt die Sphinx am Brunnen,
dort grünt der Feigenbaum,
dort, hinter diesen Fenstern,
verträumt ich den ersten Traum.

Ich tret in die Burgkapelle
und suche des Ahnherrn Grab;
dort ists, dort hängt vom Pfeiler
das alte Gewaffen herab.

Noch lesen umflort die Augen
die Züge der Inschrift nicht,
wie hell durch die bunten Scheiben
das Licht darüber auch bricht.

So stehst du, o Schloß meiner Väter,
mir treu und fest in dem Sinn —
und bist von der Erde verschwunden;
der Pflug geht über dich hin.

Sei fruchtbar, o teurer Boden!
Ich segne dich, mild und gerührt,
und segne ihn zwiefach, wer immer
den Pflug nun über dich führt.

Ich aber will auf mich raffen,
mein Saitenspiel in der Hand,
die Weiten der Erde durchschweifen
und singen von Land zu Land.

Aus: Kranz des Lebens, Gedichte, Seite 106. Herausgeber: Fritz Leisinger. Georg Westermann Verlag, Braun-schweig 1963.

*Abbildung: Schloß Boncourt (um 1790 zerstört) in der Champagne
(nachempfundene Zeichnung von E. Grimm, 1979).*

Jacob Grimm 1785-1863
Wilhelm Grimm 1786-1859

13. *Schon bald nach der Geburt von Jacob und Wilhelm Grimm zogen die Eltern aus dem Haus am alten Paradeplatz hinüber zur Langen Gasse beim Rathaus. Die Erinnerungen der beiden Brüder gelten also vorwiegend dem zweiten Hanauer Heim, so wenn Jacob einmal rückblickend schreibt:*

'Die Kinderstube war hinten und ging in den von einer nahen Mauer beschränkten Hof, über die Mauer ragten Obstbäume aus dem benachbarten Garten, wahrscheinlich dem Rathausgarten. Im Rathaushof spielten wir oft... Ich wurde oft über den Paradeplatz in die Altstadt zum Großvater getragen und geführt, mußte... etwa 1790 in eine Schule laufen, die auf der entgegengesetzten Seite hinter dem Neustädter Markt am Platz der französischen Kirche lag.'
Aus: Private und amtliche Beziehungen der Brüder Grimm zu Hessen. Herausgegeben von E. Stengel, 3 Bände, Marburg 1886-1910.

Und Wilhelm Grimm teilt mit:

'...So weiß ich noch, daß die Tapeten in unserm Haus in Hanau in der Stube unten rechter Hand mit braunen und grünen schießenden Jägern verziert waren, daß unter dem Ofen oben Porzellantafeln mit Hirschen waren. Auch erinnere ich mich, wie ich Mittag bei der Mutter in der Stube gesessen, die Fenster auf waren und alles still, daß man bloß das Zischen von den Strumpfwirkerstühlen hörte...'
Aus: Wilhelm Grimm, 'Kleinere Schriften'. Herausgegeben von Gustav Hinrichs, 4 Bände, Berlin 1881-1887.

Beides zitiert aus 'Brüder Grimm in Selbstzeugnissen und Bilddokumenten', dagestellt von Hermann Gerstner. Rowohlt-Monographie, Band 201, Seite 7, Rowohlt, Reinbek bei Hamburg 1978.

Abbildung: Das Geburtshaus der Brüder Grimm in Hanau (Zeichnung eines unbekannten Malers).

Ludwig Uhland 1787-1862

14.   ABREISE

So hab ich nun die Stadt verlassen,
Wo ich gelebet lange Zeit;
Ich ziehe rüstig meiner Straßen,
Es gibt mir niemand das Geleit.

Man hat mir nicht den Rock zerrissen
(Es wär auch schade für das Kleid),
Noch in die Wange mich gebissen
Vor übergroßem Herzeleid.

Auch keinem hats den Schlaf vertrieben,
Daß ich am Morgen weitergeh;
Sie konntens halten nach Belieben,
Von einer aber tuts mir weh.

Aus: Das Buch der Gedichte, Deutsche Lyrik von den Anfängen bis zur Gegenwart, zusammengestellt von Marianne Hochhuth, Seite 408. Bertelsmann GmbH, Gütersloh 1963.

Abbildung: Uhlands Geburtshaus in Tübingen.

Joseph von Eichendorff 1788-1857

15.   DIE HEIMAT

An meinen Bruder

Denkst Du des Schlosses noch auf stiller Höh'?
Das Horn lockt nächtlich dort, als ob's dich riefe,
Am Abgrund grast das Reh,
Es rauscht der Wald verwirrend aus der Tiefe —
O stille, wecke nicht, es war als schliefe
Da drunten ein unnennbar Weh.

Kennst Du den Garten? — Wenn sich Lenz erneut,
Geht dort ein Mädchen auf den kühlen Gängen
Still durch die Einsamkeit
Und weckt den leisen Strom von Zauberklängen,
Als ob die Blumen und die Bäume sängen
Rings von der alten schönen Zeit.

Ihr Wipfel und ihr Bronnen rauscht nur zu!
Wohin Du auch in wilder Lust magst dringen,
Du findest nirgends Ruh,
Erreichen wird Dich das geheime Singen, —
Ach, dieses Bannes zauberischen Ringen
Entfliehn wir nimmer, ich und Du!

Aus: Wem Gott will rechte Gunst erweisen. Martin Verlag, Buxheim/Allgäu, 1978, Seite 101.

*Abbildung: Schloß Lubowitz bei Ratibor, die Geburtsstätte Eichendorffs
(zeitgenössische Zeichnung).*

Annette von Droste-Hülshoff 1797-1848

16. 'Ich bin ein Westfale, und zwar ein Stockwestfale, nämlich ein Münsterländer — Gott sei Dank! füge ich hinzu — und denke gut genug von jedem Fremden, wer er auch sei, um zu glauben, daß er, gleich mir, den Boden, wo seine Lebenden wandeln und seine Toten ruhen, mit keinem anderen Boden vertauschen würde...'
Aus: Annette von Droste-Hülshoff, Bei uns zu Lande auf dem Lande.

DAS ERSTE GEDICHT (Auszug)

Auf meiner Heimat Grunde,
Da steht ein Zinnenbau,
Schaut finster in die Runde
Aus Wimpern schwer und grau;
An seiner Fenster Gittern
Wimmert des Kauzes Schrei,
Und drüber siehst du wittern
Den sonnentrunkenen Weih.

Ein Wächter fest wie Klippen,
Von keinem Sturm bewegt,
Der in den harten Rippen
Gar manche Kugel trägt;
Ein Mahner auch, ein strenger,
Des Giebel grün und feucht
Mit spitzem Hut und Fänger
Des Hauses Geist besteigt.

Und sieht ihn das Gesinde
Am Fahnenschafte stehn,
Sich wirbelnd vor dem Winde
Mit leisem Schreie drehn,
Dann pocht im Schloßgemäuer
Gewiß die Totenuhr,
Oder ein tückisch Feuer
Frißt glimmend unterm Flur.

Wie hab ich ihn umstrichen
Als Kind oft stundenlang,
Bin heimlich dann geschlichen
Den schwer verpönten Gang
Hinauf die Wendelstiege,
Die unterm Tritte bog,
Bis zu des Sturmes Wiege,
Zum Hahnenbalken hoch.

Und saß ich auf dem Balken
Im Dämmerstrahle falb,
Mich fühlte halb als Falken,
Als Mauereule halb,
Dann hab ich aus dem Brodem
Den Geist zitiert mit Mut,
Ich, Hauch von seinem Odem
Und Blut von seinem Blut...

Annette von Droste-Hülshoff, Werke in einem Band, Auswahl und Nachwort von Rudolf Ibel. Lizenzausgabe des Volksverbandes der Bücherfreunde, Verlag GmbH, Berlin, mit Genehmigung des Hoffmann und Campe Verlages, Hamburg, o.J.

Abbildung: Wasserburg Hülshoff bei Münster.

Heinrich Heine 1797-1856

17. Aus: Ideen – Das Buch LE GRAND

'...Jetzt, da ich ihn wieder habe, will mir auch die früheste Kindheit wieder im Gedächtnisse hervorblühen, und ich bin wieder ein Kind und spiele mit anderen Kindern auf dem Schloßplatze zu Düsseldorf am Rhein... Ja, Madame, dort bin ich geboren, und ich bemerke dieses ausdrücklich für den Fall, daß etwa, nach meinem Tode, sieben Städte – Schilda, Krähwinkel, Polkwitz, Bockum, Dülken, Göttingen und Schöppenstädt – sich um die Ehre streiten, meine Vaterstadt zu sein. Düsseldorf ist eine Stadt am Rhein, es leben da 16 000 Menschen, und viele hunderttausend Menschen liegen noch außerdem da begraben. Und darunter sind manche, von denen meine Mutter sagt, es wäre besser, sie lebten noch, z.B. mein Großvater und mein Oheim, der alte Herr v.Geldern und der junge Herr v.Geldern, die beide so berühmte Doktoren waren, und so viele Menschen vom Tode kuriert, und doch selber sterben mußten. Und die fromme Ursula, die mich als Kind auf den Armen getragen, liegt auch dort begraben, und es wächst ein Rosenstrauch auf ihrem Grab – Rosenduft liebte sie so sehr im Leben und ihr Herz war lauter Rosenduft und Güte. Auch der alte kluge Kanonikus liegt dort begraben. Gott, wie elend sah er aus, als ich ihn zuletzt sah! Er bestand nur noch aus Geist und Pflastern, und studierte dennoch Tag und Nacht, als wenn er besorgte, die Würmer möchten einige Ideen zu wenig in seinem Kopfe finden. Auch der kleine Wilhelm liegt dort, und daran bin ich schuld. Wir waren Schulkameraden im Franziskanerkloster und spielten auf jener Seite desselben, wo zwischen steinernen Mauern die Düssel fließt, und ich sagte: 'Wilhelm, hol doch das Kätzchen, das eben hineingefallen' – und lustig stieg er hinab auf das Brett, das über dem Bach lag, riß das Kätzchen aus dem Wasser, fiel aber selbst hinein, und als man ihn herauszog, war er naß und tot. Das Kätzchen hat noch lange Zeit gelebt. Die Stadt Düsseldorf ist sehr schön, und wenn man in der Ferne an sie denkt und zufällig dort geboren ist, wird einem wunderlich zu Mute. Ich bin dort geboren, und es ist mir, als müßte ich gleich nach Hause gehn. Und wenn ich sage nach Hause gehn, so meine ich die Bolkerstraße und das Haus, worin ich geboren bin. Dieses Haus wird einst sehr merkwürdig sein, und der alten Frau, die es besitzt, habe ich sagen lassen, daß sie bei Leibe das Haus nicht verkaufen solle. Für das ganze Haus bekäme sie jetzt doch kaum so viel wie schon allein das Trinkgeld betragen wird, das einst die grünverschleierten, vornehmen Engländerinnen dem Dienstmädchen geben, wenn es ihnen die Stube zeigt, worin ich das Licht der Welt erblickt, und den Hühnerwinkel, worin mich der Vater gewöhnlich einsperrte, wenn ich Trauben genascht, und auch die braune Türe, worauf Mutter mich die Buchstaben mit Kreide schreiben lehrte – auch Gott! Madame, wenn ich ein berühmter Schriftsteller werde, so hat das meiner armen Mutter genug Mühe gekostet...'

Aus: Heinrich Heine, Werkausgabe im Taschenbuch, 2. Band, Seiten 786/787. Gustav Lübbe Verlag, Bergisch Gladbach, Lizenzausgabe des Verlages Kiepenheuer & Witsch, Köln o.J.

Abbildung: Das Geburtshaus in der Bolkerstraße zu Düsseldorf.

Christian Dietrich Grabbe 1801-1836

18. '...Ich zähle erst einundzwanzig Jahre, habe aber leider schon seit dem siebzehnten fast alle Höhen und Tiefen des Lebens durchgemacht und stehe seitdem still.'
Aus einem Brief an Ludwig Tieck   *Berlin, 16. Dezember 1822*

'Ich bin in Lippe-Detmold von armen Eltern geboren; sie waren töricht genug, mich auf das Gymnasium zu schicken und dadurch meiner Seele Gelegenheit zum Erwachen zu geben...'
Aus einem Brief an Ludwig Tieck   *Leipzig, 8. März 1823*

'...So schlich ich mich nachts um 11 Uhr in das verwunschte Detmold ein, weckte meine Eltern aus dem Schlafe und ward von ihnen, denen ich ihr ganzes kleines Vermögen weggesogen, die ich so oft mit leeren Hoffnungen getäuscht, die meinetwegen von der halben Stadt verspottet werden, mit Freudentränen empfangen. Ja, ich mußte mich noch obendrein mit der plumpsten Grobheit waffnen, weil ich sonst in das heftigste Weinen ausgebrochen wäre und eine Ifflandische Szene aufgeführt hätte. — Nun sitze ich hier in einer engen Kammer, ziehe die Gardinen vor, damit mich die Nachbarn nicht sehen, und weiß keinen Menschen in den gesamten lippischen Landen, dem ich mich deutlich machen könnte, selbst dem Herrn Pastor Pustkuchen nicht. Mein Malheur besteht darin, daß ich in keiner größeren Stadt, sondern in einer Gegend geboren bin, wo man einen gebildeten Menschen für einen verschlechterten Mastochsen hält.'
Aus einem Brief an Ludwig Tieck   *Detmold, 29. August 1823*

Christian Dietrich Grabbe, Werke in einem Band, Seiten 489, 491/92. Volksverband der Bücherfreunde, Verlag GmbH, Berlin, mit Genehmigung des Hoffmann und Campe Verlages Hamburg, o.J.

Abbildung: Das Geburtshaus in der Bruchstraße zu Detmold.

Eduard Mörike 1804-1875

19.   SELBSTGESTÄNDNIS

Ich bin meiner Mutter einzig Kind,
Und weil die andern ausblieben sind
– Was weiß ich wieviel, die sechs oder sieben, –
Ist eben alles an mir hängen blieben;
Ich hab müssen die Liebe, die Treue, die Güte
Für ein ganz halb Dutzend allein aufessen,
Ich wills mein Lebtag nicht vergessen.
Es hätte mir aber noch wohl mögen frommen,
Hätt ich nur auch Schläg für Sechse bekommen!

Aus: Eduard Mörike, Werke in einem Band. Lizenzausgabe des Volksverbandes der Bücherfreunde, Verlag GmbH, Berlin, mit Genehmigung des Hoffmann und Campe Verlages, Hamburg o.J.

AN MEINE MUTTER

Siehe! von all den Liedern nicht eines gilt dir, o Mutter!
Dich zu preisen, o glaubs, bin ich zu arm und zu reich.
Ein noch ungesungenes Lied ruhst du mir im Busen,
Keinem vernehmbar sonst, mich nur zu trösten bestimmt,
Wenn sich das Herz unmutig der Welt abwendet und einsam
Seines himmlischen Teils bleibenden Frieden bedenkt.

Aus: Eduard Mörike, Sämtliche Werke, herausgegeben von H.G. Göpfert, C. Hanser Verlag, München 1958.

Abbildung: Geburtshaus des Dichters in der Kirchstraße 1 zu Ludwigsburg.

Adalbert Stifter 1805-1868

20. '...Der Tisch war genau viereckig, weiß und groß, und hatte in der Mitte das rötliche Osterlämmlein mit einem Fähnchen, was meine außerordentliche Bewunderung erregte. An der Dickseite des Tisches waren die Fugen der Bohlen, aus denen er gefügt war, damit sie nicht klaffend werden konnten, mit Doppelkeilen gehalten, deren Spitzen gegeneinander gingen. Jeder Doppelkeil war aus einem Stück Holz, und das Holz war rötlich wie das Osterlamm. Mir gefielen diese roten Gestalten in der lichten Decke des Tisches gar sehr. Als dazumal sehr oft das Wort 'Conscription' ausgesprochen wurde, dachte ich, diese roten Gestalten seien die Conscription. Noch ein anderes Ding der Stube war mir äußerst anmutig und schwebt lieblich und fast leuchtend in meiner Erinnerung. Es war das erste Fenster an der Eingangstür. Die Fenster der Stube hatten sehr breite Fensterbretter, und auf dem Brette dieses Fensters saß ich sehr oft und fühlte den Sonnenschein, und daher mag das Leuchtende der Erinnerung rühren. Auf diesem Fensterbrette war es auch allein, wenn ich zu lesen anhob. Ich nahm ein Buch, machte es auf, hielt es vor mich und las: 'Burgen, Nagelein, böhmisch Haidel.' Diese Worte las ich jedes Mal, ich weiß es, ob zuweilen noch andere dabei waren, dessen erinnere ich mich nicht mehr. Auf diesem Fensterbrett sah ich auch, was draußen vorging, und ich sagte sehr oft: 'Da geht ein Mann nach Schwarzbach, da geht ein Weib nach Schwarzbach, da fährt ein Mann nach Schwarzbach, da geht ein Hund nach Schwarzbach, da geht eine Gans nach Schwarzbach.' Auf diesem Fensterbrette legte ich auch die Kienspäne ihrer Länge nach aneinander hin, verband sie wohl auch durch Querspäne, und sagte: 'Ich mache Schwarzbach!' In meiner Erinnerung ist lauter Sommer, den ich durch das Fenster sah, von einem Winter ist von damals gar nichts in meiner Einbildungskraft.'
Letzte Sätze einer Niederschrift des alten Adalbert Stifter nach einem Besuch des heimatlichen Oberplan kurz vor seinem Tod.
Aus: Adalbert Stifter in Selbstzeugnissen und Bilddokumenten, dargestellt von Urban Roedl. Rowohlts Monographien, Band 86, Seiten 12/13. Rowohlt Verlag, Reinbek bei Hamburg, 8. Auflage 1977.

Abbildung: Stifters Geburtshaus in Oberplan. (Aquarell von Josef Hoffmann, 1877.)

Fritz Reuter 1810-1874

21. '...In jenen schönen Tagen, als die Neuigkeiten sich bei uns noch, wie im Morgenlande, von Mund zu Mund verbreiteten, als einem Fremden in dem Wirtshause mit seinem Mantel auch die Neuigkeiten ausgezogen wurden, und jeder Probenreiter *(Handlungsreisende)* von meiner lieben Vaterstadt als eine Gabe Gottes angesehen wurde, die dem publizistischen Standrechte verfallen war – damals hätte ich schreiben sollen! – Leider war ich aber noch Schreibens und Lesens unkundig. Schöne, alte Zeit! Der vorüberrauschende Flügelschlag der Jahre hat das anspruchslose Gewebe zerrissen, in das du dich so warm und weich eingesponnen hattest: die Innigkeit deiner Beziehungen hat der Ausdehnung derselben Platz machen müssen. Früher wußte ich genau, was Nachbar Schröder zu Mittag aß, und nahm teil an seinem Mahle, wenn's ihm schmeckte. Was kümmert mich jetzt Nachbar Schröder? – Jetzt muß ich den Küchenzettel politischer Sudelköche lesen; aber ich bitte mich nicht bei ihnen zu Gaste. In jenen Tagen hätte ich unbedingt das größte welthistorische Ereignis für die interessante Nachricht hingegeben, daß 'Korl Knak' und 'Hanne Snur' sich geprügelt hatten, und gewiß hätte ich Sebastopol und die ganze Mincio-Linie geopfert, um von 'Hanne Slütern' zu erfahren, daß 'Korl Knak' den annern – wie er bleichen Antlitzes versicherte – 'mit't Metz grad int't Hart steken hadd', wobei er auf einen Teil seiner Kleidung wies, in dem allerdings bei gewissen Leuten das Herz sitzen soll. – ...'

'...Das war das glänzendste Meteor, das an meinem Kinderhimmel in leuchtender Pracht aufgestiegen war; Konditor Christlieb in Brandenburg hat jahrelang meine Phantasie mit Honigkuchen und gebrannten Mandeln gefüttert, und wenn jemals ein tiefaufregender Wunsch in meinem Herzen geherrscht hat, so war es der: gleich dem Konditor Christlieb tagelang hinter so einem reizbeladenen Tische zu stehen und den großen Baumkuchen zu bewachen, der als Tafelstück die Mitte zierte. Mein Vater predigte stets gegen Kuchen und Süßigkeiten als der Gesundheit nachteilig; ich muß aber gestehen, daß diese Predigten endlich anfingen, mir höchst unbegründet zu erscheinen...'

Aus: Reuters Werke, (Meine Vaterstadt Stavenhagen). Herausgegeben von Prof. Dr. Wilhelm Seelmann, Vierter Band. Bibliographisches Institut, Leipzig und Wien, o.J.

Abbildung: Das Geburtshaus des Dichters in Stavenhagen, Kreis Malchin.

Ferdinand Freiligrath 1810-1876

22.   Aus DIE BILDERBIBEL (Strophen 1, 2, 5, 7, 8)

Du Freund aus Kindertagen,
Du brauner Foliant,
Oft für mich aufgeschlagen
Von meiner Lieben Hand;
Du, dessen Bildergaben
Mich Schauenden ergötzten,
Den spielvergeßnen Knaben
Nach Morgenland versetzten:

Du schobst für mich die Riegel
von ferner Zone Pforten,
Ein kleiner, reiner Spiegel
Von dem, was funkelt dorten!
Dir Dank! durch dich begrüßte
Mein Aug' eine fremde Welt,
Sah Palm', Kamel und Wüste
Und Hirt und Hirtenzelt...

Mir ist, als lägst du prangend
Dort auf dem Stuhle wieder;
Als beugt' ich mich verlangend
Zu deinen Bildern nieder;
Als stände, was vor Jahren
Mein Auge staunend sah,
In frischen, wunderbaren,
Erneuten Farben da;

Als trät' ich, wie vorzeiten,
Zur Mutter bittend hin,
Daß sie mir sollte deuten
Jedweden Bildes Sinn;
Als lehrte zu jedem Bilde
Sie Sprüche mich und Lieder;
Als schaute sanft und milde
Der Vater auf uns nieder.

O Zeit, du bist vergangen!
Ein Märchen scheinst du mir!
Der Bilderbibel Prangen,
Das gläub'ge Aug' dafür,
Die teuren Eltern beide,
Der stillzufriedne Sinn,
Der Kindheit Lust und Freude –
Alles dahin, dahin!

Aus: Ferdinand Freiligrath, Gedichte. Auswahl und Nachwort von Dietrich Bode. Verlag Philipp Reclam jun., Stuttgart 1964/1975, Seiten 35-37.

Abbildung: Das Geburtshaus in Detmold, Unter der Wehme 5.

Georg Büchner 1813-1837

23. *Georg Büchner wurde nur 23 Jahre alt, ihm blieb keine Zeit zu persönlicher Rückbesinnung. Sein Denken war während des kurzen Lebens meist auf die ihn bedrängende Gegenwart gerichtet, in seinem Werk reagiert er weithin auf die politischen Zustände seiner Zeit. Daher ist es verständlich, wenn es nur ganz wenige Anmerkungen zu seiner Herkunft – sei es von ihm selbst oder von anderer Seite – gibt. Doch zeigt insbesondere sein Briefwechsel mit der Familie, wie eng und wertvoll für ihn die stete Verbindung zu seinen Angehörigen, zu seiner Heimat war, wie sehr er sich durch diese Verbindung mit Darmstadt in seinem unsteten Leben zumindest ein wenig gesichert fühlte.*

'Im Jahre Christi 1813, am 17. Oktober früh um halb 6 Uhr wurde dem Herrn Ernst Karl Büchner, Doktor und Amtschirurgus dahier zu Goddelau, und seiner Ehefrau Louise Caroline geb. Reuß das erste Kind, der erste Sohn geboren und am 28. Oktober getauft, wobei er den Namen Karl Georg erhielt. Pate war 1.) Johann Georg Reuß, Hofrat und Hospitalmeister zu Hofheim, des Kindes Großvater mütterlicherseits, 2.) Jakob Karl Büchner, Doktor und Amtschirurgus zu Reinheim, des Kindes Großvater väterlicherseits, 3.) Wilhelm Georg Reuß, der Mutter lediger Bruder. Stellvertreter der Taufpaten zu No. 2.) und 3.) Johann Heinrich Schober, Pfarrer. Der taufende Pfarrer, Jakob Wiener, zu Goddelau.'

'...Vor allem muß ich Euch sagen, daß man mir auf besondere Verwendung eine Sicherheitskarte versprochen hat, im Fall ich einen Geburts- (nicht Heimats-)schein vorweisen könnte. Es ist dies nur als eine vom Gesetze vorgeschriebene Förmlichkeit zu betrachten; ich muß ein Papier vorweisen können, so unbedeutend es auch sei...'
Aus einem Brief Büchners an seine Familie, Straßburg, Anfang August 1835.

'...Lernst Du bis Ostern die Volkslieder singen, wenns Dich nicht angreift? Man hört hier keine Stimme; das Volk singt nicht. Ich komme dem Volk und dem Mittelalter immer näher, jeden Tag wird mirs heller – und gelt, Du singst die Lieder? Ich bekomme halb das Heimweh, wenn ich mir eine Melodie summe...'
Aus einem Brief an seine Braut Wilhelmine Jaegele, Zürich, den 20. Januar 1837.

Georg Büchner, Sämtliche Werke, Emil Vollmer Verlag, Wiesbaden o.J. (Sonderausgabe Die Tempel-Klassiker).

Abbildung: Georg Büchners Geburtshaus in Goddelau bei Darmstadt.

Friedrich Hebbel 1813-1863

24.   DAS ALTE HAUS (Auszug)

Der Maurer schreitet frisch heraus,
Er soll dich niederbrechen;
Da ist es mir, du altes Haus,
Als hörte ich dich sprechen:
"Wie magst du mich, das lange Jahr'
Der Lieb' und Eintracht Tempel war,
Wie magst du mich zerstören?

Dein Ahnherr hat mich einst erbaut
Und unter frommem Beten
Mit seiner schönen, stillen Braut
Mich dann zuerst betreten.
Ich weiß um alles wohl Bescheid,
Um jede Lust, umd jedes Leid,
Was ihnen widerfahren..."

Nun schweigt es still, das alte Haus,
Mir aber ist's, als schritten
Die toten Väter all' heraus,
Um für ihr Haus zu bitten,
Und auch in meiner eignen Brust,
Wie ruft so manche Kinder-Lust:
Laß stehn das Haus, laß stehen!

Indessen ist der Mauermann
schon ins Gebälk gestiegen.
Es fängt mit Macht zu brechen an,
Und Stein' und Ziegel fliegen.
Still, lieber Meister, geh von hier,
Gern zahle ich den Taglohn dir,
Allein das Haus bleibt stehen.

Aus: Friedrich Hebbel, Gedichte, Eine Auswahl, Seiten 11-13. Reclam, Stuttgart 1977.

Abbildung: Hebbels Geburtshaus in der Norderstraße zu Wesselburen in Holstein
(Gemälde von Willi Graba).

Theodor Storm 1817-1888

25. *Obwohl sich Theodor Storm in seinem Werk an keiner Stelle direkt über sein Geburtshaus äußert, kann angenommen werden, daß er das Haus des Arztes in der Geschichte 'Drüben am Markt' seinem Geburtshaus nachgezeichnet hat. Vielfältig dagegen sind Schilderungen über seine Vaterstadt und Bemerkungen über seine Vorfahren und seine Familie.*

Am grauen Strand, am grauen Meer
und seitab liegt die Stadt;
der Nebel drückt die Dächer schwer,
und durch die Stille braust das Meer
eintönig um die Stadt.

Es rauscht kein Wald, es schlägt im Mai
kein Vogel ohn Unterlaß;
die Wandergans mit hartem Schrei
nur fliegt in Herbstesnacht vorbei,
am Strande weht das Gras.

Doch hängt mein ganzes Herz an dir,
du graue Stadt am Meer;
der Jugend Zauber für und für
ruht lächelnd doch auf dir, auf dir,
du graue Stadt am Meer.

'...Im 17. Jahrhundert kam auf einem Halligenschiff einer ans Festland nach der Stadt Husum an der Westküste Schleswigs geschwommen... Er wurde der Stammvater der Familie Woldsen, welche noch bis über die Hälfte unseres Jahrhunderts hinaus in Hamburg, Amsterdam, sowie in Husum selbst geblüht hat. Der bedeutendste dieses Geschlechts war mein Urgroßvater Friedrich Woldsen, der letzte Kaufherr, den die Stadt gehabt hat, der seine Schiffe in See hatte und zu Weihnachten einen Mastochsen für die Armen schlachten ließ...' *Und über seine Mutter schreibt Storm an Eduard Mörike:* 'Meine Mutter gehört durch ihre beiden Eltern dem jetzt ausgestorbenen althusumschen Patriziate an, woraus Jahrhunderte hindurch die bedeutenden Kaufherrn, die Syndici und Bürgermeister der guten Stadt hervorgingen.'
Aus: Theodor Storm. Am grauen Meer, Gesammelte Werke. Gedenkausgabe zum 75. Todestag (Rolf Hochhuth). Mosaik Verlag, Hamburg.

Abbildung: Storms Geburtshaus in Husum, Markt 9. (Bildarchiv der Storm-Gesellschaft, Husum.)

Gottfried Keller 1819-1890

26. 'Der Mensch rechnet immer das, was ihm fehlt, dem Schicksale doppelt so hoch an als das, was er wirklich besitzt; so haben mich auch die langen Erzählungen der Mutter immer mehr mit Sehnsucht und Heimweh nach meinem Vater erfüllt, welchen ich nicht mehr gekannt habe... Ich kann mich nicht enthalten, so sehr ich die Torheit einsehe, oft Luftschlösser zu bauen und zu berechnen, wie es mit mir gekommen wäre, wenn mein Vater gelebt hätte, und wie mir die Welt in ihrer Kraftfülle von frühester Jugend an zugänglich gewesen wäre... So aber muß ich mich darauf beschränken, je mehr ich zum Manne werde und meinem Schicksal entgegenschreite, mich zusammenzufassen und in der Tiefe meiner Seele still zu bedenken: Wie würde er nun an deiner Stelle handeln oder was würde er von deinem Tun urteilen, wenn er lebte? ...'
Aus: Gottfried Keller, Sämtliche Werke. Herausgegeben von Jonas Fränkel und Carl Helbling, Band 16, Seite 86 f. Erlenbach-Zürich und München (Eugen Rentsch) und seit 1931 Bern und Leipzig (Benteli) 1926-1949.

'...Mit all diesen Eindrücken beladen zog ich dann über die Gasse wieder nach Hause und spann in der Stille unserer Stube den Stoff zu großen träumerischen Geweben aus, wozu die erregte Phantasie den Einschlag gab. In der Tat muß ich auf diese erste Kinderzeit meinen Hang und ein gewisses Geschick zurückführen, an die Vorkommnisse des Lebens erfundene Schicksale und verwickelte Geschichten anzuknüpfen und so im Fluge heitere und traurige Romane zu entwerfen...'
Gleiche Quelle wie oben, gleicher Band, Seite 152 f.

Abbildung: Geburtshaus Gottfried Kellers in Zürich, das 'Haus zum Goldenen Winkel', Neumarkt 27.
(Foto: Baugeschichtliches Archiv Zürich.)

Theodor Fontane 1819-1898

27. '...Ruppin hat eine schöne Lage — See, Gärten und der sogenannte 'Wall' schließen es ein. Nach dem großen Feuer, das nur zwei Stückchen am Ost- und Westrande übrigließ (als wären von einem runden Brote die beiden Kanten übriggeblieben), wurde die Stadt in einer Art Residenzstil wieder aufgebaut. Lange, breite Straßen durchschneiden sie, nur unterbrochen durch stattliche Plätze, auf deren Areal unsere Vorvordern selbst wieder kleine Städte gebaut haben würden. Für eine reiche Residenz voll hoher Häuser und Paläste, voll Leben und Verkehr, mag solche raumverschwendende Anlage die empfehlenswerteste sein, für eine kleine Provinzialstadt aber ist sie bedenklich. Sie gleicht einem auf Auswuchs gemachten großen Staatsrock, in den der Betreffende, weil er von Natur klein ist, nie hineinwachsen kann. Dadurch entsteht eine Öde und Leere, die zuletzt den Eindruck der Langeweile macht. Die Billigkeit erheischt hinzuzufügen, daß wir es unglücklich trafen: das Gymnasium hatte Ferien und die Garnison Mobilmachung. So fehlten denn die roten Kragen und Aufschläge, die, wie die zinnoberfarbenen Jacken auf den Bildern eines berühmten Niederländers (Cuyp) in unserem farblosen Norden dazu berufen scheinen, der monotonen Landschaft Leben und Frische zu geben. Alles war still und leer, auf dem Schulplatz wurden Betten gesonnt, und es sah aus, als sollte die ganze Stadt aufgefordert werden, sich schlafen zu legen...'
Aus: Theodor Fontane, Wanderungen durch die Mark Brandenburg. Emil Vollmer Verlag, Wiesbaden, o.J., Seite 31.

WIEDER DAHEIM

Ich bin hinauf, hinab gezogen
und suchte Glück und sucht es weit;
es hat mein Suchen mich betrogen,
und was ich fand, war Einsamkeit.

Ich hörte, wie das Leben lärmte,
ich sah sein tausendfarbig Licht;
es war kein Licht, das mich erwärmte,
und echtes Leben war es nicht.

Und endlich bin ich heimgegangen
zu alter Stell und alter Lieb,
und von mir ab fiel das Verlangen,
das einst mich in die Ferne trieb.

Die Welt, die fremde, lohnt mit Kränkung,
was sich, umwerbend, ihr gesellt;
das Haus, die Heimat, die Beschränkung,
die sind das Glück und sind die Welt.

Aus: Kranz des Lebens, Herausgegeben von Fritz Leisinger. Georg Westermann, Braunschweig 1963, Seite 168.

Abbildung: Die Löwen-Apotheke in Neuruppin, Fontanes Geburtshaus um 1900. (Foto: Ullstein.)

Conrad Ferdinand Meyer 1825-1898

28.   EWIG JUNG IST NUR DIE SONNE

Heute fanden meine Schritte mein vergeßnes Jugendtal,
Seine Sohle lag verödet, seine Berge standen kahl.
Meine Bäume, meine Träume, meine buchendunkeln Höhn —
Ewig jung ist nur die Sonne, sie allein ist ewig schön.

Drüben dort in schilfgem Grunde, wo die müde Lache liegt,
Hat zu meiner Jugendstunde sich lebendge Flut gewiegt,
Durch die Heiden, durch die Weiden ging ein wandernd Herdgetön —
Ewig jung ist nur die Sonne, sie allein ist ewig schön.

ABENDSTIMMUNG

Der Morgen lacht wie eine junge Frau,
Streng blickt am Abend meine Ufenau,

Durch Flutendunkel geisterhaft gestreckt,
Von nahen Bergesschatten zugedeckt.

Lang hat sich das Soldatenschiff ergetzt
An einem Echo. Beide schweigen jetzt.

Verklungen ist der Vesperglocke Schall,
Ein dunkler Friede waltet überall.

Wär ich ein Jüngling voller Leidenschaft,
Beängstigt von der eignen Lebenskraft,

In Tränen löste sich, was bang und wild
Ein junges Herz bestürmt, vor diesem Bild.

Nun hab ich handelnd meine Glut gedämpft,
Den Vesperfrieden hab ich mir erkämpft,

Und schreite, wann du, Sonne, dich entfernst,
Getrost durch diesen tiefen Abendernst.

In den gestrengen Zügen der Natur
Empfind ich die verwandte Seele nur.

Aus: Das Buch der Gedichte, Deutsche Lyrik von den Anfängen bis zur Gegenwart, zusammengestellt von Marianne Hochhuth, Seiten 267/268. Bertelsmann Verlag GmbH, Gütersloh 1963.

Abbildung: Geburtshaus Conrad Ferdinand Meyers in der Stampfenbachstraße 48 zu Zürich (vorn rechts). (Baugeschichtliches Archiv der Stadt Zürich.)

Wilhelm Raabe 1831-1910

29. '...Altershausen konnte ihm nur auftauchen wie das erste Kapitel der Genesis dem Geologen und Philosophen, nicht eine unbekannte, aber trotz aller Wissenschaft unbekannt gewordene Gegend. Daß er seinen Geburtsort tief aus der Vergangenheit seiner Lebenszeit heraufholen mußte, war ihm bewußt, und da hielt er sich denn dabei ganz richtig beim Näherkommen fürs erste an die alten Berggipfel, die über Dächer und neues Gemäuer hersahen...' *(Seiten 964/965.)*

'...Von Schritt zu Schritt wurde das Vergangene lebendig. Sogar die Pflastersteine unter den Füßen fingen an zu reden, nicht bloß die Häuser, die Mauern, die Fenster, die Türen und Torwege und die Treppen und Bänke davor...' *(Seite 968.)*

'...Da lehnte er in der warmen Abenddämmerung am Fenster, alle seine Kinderspielplätze unter und um sich! Da der Torbogen mit dem letzten Turm der alten Stadtummauerung, über den Hausdächern die grünen, doch schon in der ersten Herbstabenddämmerung versinkenden Berggipfel!...' *(Seite 971.)*

'...Das Wunder kam und verlief folgendermaßen: Es ist schon berichtet worden, daß er von seinem Fenster im 'Ratskeller' die Aussicht auf seiner Eltern letzte Wohnung in Altershausen hatte. Die lag nun im Nachmittagssonnenschein, und aus seinem Schatten heraus erlebte er die nächste halbe Stunde durch (länger hat's der Uhr nach nicht gedauert) das Abenteuer. Im Traum währte es viel länger...' *(Seite 1007.)*

'...hinter mancher gefrorenen Scheibe, hinter manchem Vorhang leuchtete es vielflimmerig: das waren an den Christbäumen die Kerzen der letzten Weihnacht, die Friedrich Feyerabend mit den Eltern und Schwester Linchen in Altershausen begangen hatte... Das war die blaue Stube. Da hatte eben noch seiner Mutter helles, liebes Lachen geklungen und Linchen, die neue Puppe im Arm, vom Arm des Vaters nach der höchsten Zuckerpuppe an der Lichtertanne gegriffen...' *(Seiten 1008/1009.)*

Aus: Wilhelm Raabe, Werke in zwei Bänden, Zweiter Band, 'Altershausen' (unvollendet). Emil Vollmer Verlag, Wiesbaden mit Genehmigung der Droemerschen Verlagsanstalt Th. Knaur Nachfolger, o.J.

Abbildung: Das Geburtshaus des Dichters in Eschershausen.

Wilhelm Busch 1832-1908

30. '...Wer ist heutigen Tages noch so harmlos, daß er Weltgeschichten und Biographien für richtig hält? Sie gleichen den Sagen und Anekdoten, die Namen, Zeit und Ort benennen, um sich glaubhaft zu machen. Sind sie unterhaltlich erzählt, sind sie ermunternd und lehrreich, oder rührend und erbaulich, nun gut! so wollen wir's gelten lassen. Ist man aber nicht grad ein Professor der Beredsamkeit und sonst noch allerlei, was der Heilige Augustinus gewesen, und will doch partout über sich selbst was schreiben, dann wird man wohl am besten tun, man faßt sich kurz. Und so auch ich. Ich bin geboren 1832 in Wiedensahl. Mein Vater war Krämer, heiter und arbeitsfroh; meine Mutter, still und fromm, schaffte fleißig in Haus und Garten. Liebe und Strenge sowohl, die mir von ihnen zuteil geworden, hat der 'Schlafittig' der Zeit aus meiner dankbaren Erinnerung nicht zu ver- wischen gemocht. Mein gutes Großmütterlein war zuerst wach in der Früh. Sie schlug Funken am P-förmigen Stahl, bis einer zündend ins 'Usel' sprang, in die halbverkohlte Leinwand im Deckelkästchen des Feuerzeugs, und bald flackerte es lustig in der Küche auf dem offenen Herde unter dem Dreifuß und dem kupfernen Kessel; und nicht lange, so hatte auch das Kanonenöfchen in der Stube ein rotglühendes Bäuchlein, worin's bullerte. Als ich sieben, acht Jahr alt war, durfte ich zuweilen mit aufstehn; und im Winter besonders kam es mir wonnig geheimnisvoll vor, so früh am Tag schon selbstbewußt in dieser Welt zu sein, wenn ringsumher noch alles still und tot und dunkel war. Dann saßen wir zwei, bis das Wasser kochte, im engen Lichtbezirk der pompejanisch geformten zinnernen Lampe. Sie spann. Ich las ein paar schöne Morgenlieder aus dem Gesangbuch vor. Später beim Kaffee nahmen Herrschaft, Knecht und Mägde, wie es guten Freunden geziemt, am nämlichen Tische Platz...'
Aus: Wilhelm Busch, Gesamtausgabe in vier Bänden. Herausgegeben von Friedrich Bohne, Band IV. Emil Vollmer Verlag, Wiesbaden, o.J., Seite 205.

Abbildung: Wilhelm Buschs Elternhaus in Wiedensahl. (Aufnahme um 1907.)

Detlev von Liliencron 1844-1909

31.   MEINER MUTTER

Wie oft sah ich die blassen Hände nähen,
ein Stück für mich — wie liebevoll du sorgtest!
Ich sah zum Himmel deine Augen flehen,
ein Wunsch für mich — wie liebevoll du sorgtest!
Und an mein Bett kamst du mit leisen Zehen,
ein Schutz für mich — wie sorgenvoll du horchtest!
Längst schon dein Grab die Winde überwehen,
ein Gruß für mich — wie liebevoll du sorgtest!

Aus 'Kranz des Lebens' Gedichte, herausgegeben von Fritz Leisinger, Seite 103, Westermann Verlag, Braunschweig 1963.

AUF DEM KIRCHHOF

Der Tag ging regenschwer und sturmbewegt,
ich war an manch vergeßnem Grab gewesen.
Verwittert Stein und Kreuz, die Kränze alt,
die Namen überwachsen, kaum zu lesen.

Der Tag ging sturmbewegt und regenschwer,
auf allen Gräbern fror das Wort: Gewesen!
Wie sturmestot die Särge schlummerten,
auf allen Gräbern taute still: Genesen!

Aus: Detlev von Liliencron, Sämtliche Werke. Schuster & Löffler Verlag, Berlin o.J.

Abbildung: Das Geburtshaus in Kiel (Aufnahme 1979/Foto Carstens, Kiel).

Gerhart Hauptmann 1862-1946

32. 'Meine Knabenzeit, die mir so gut wie entschwunden war, tauchte wieder auf, und in der Erinnerung an sie machte ich fast von Minute zu Minute neue Entdeckungen. Das ganze Ober-, Mittel- und Niedersalzbrunn entfaltete sich, durch die Salzach getrennt in die Große und Kleine Seite. Der Gasthof zur Krone tauchte auf, das benachbarte Haus Elisenhof, die Brunnenhalle mit ihren Brunnenschöpfern. Die Schwestern der Mutter und der Großvater, somit der ganze Dachrödenshof. Die Schweizerei und ihre Pächterin und Schafferin, die der Fürst hineingesetzt hatte... Das herrliche Fürstensteiner Schloß tauchte auf mit seinen Bewohnern und seiner unvergleichlichen Lage. Aber vor allen Dingen die Dorfstraße, die Weberhütten und die Bergmannsquartiere, diese das Ärmlichste vom Ärmlichen. Der Fuhrmann Krause sprach mich an, und der ganze mit Hausknechten, Kutschern, Wagen und Pferden belebte Kronenhof mit seinen Welten Unterm Saal. Die drängende Armut der Hintertreppe und mit alledem der Volksdialekt, der mir, wie ich mit Freuden erkannte, tief im Blute saß. Ich merkte nun, wo ich, schon eh ich die Sexta der Zwingerschule betrat, meine wahrhafte Lehrzeit beendet hatte.'
Auszug aus: Gerhart Hauptmann, dargestellt von Lothar Tank romo 27
Copyright © 1959 by Rowohlt Taschenbuch Verlag GmbH, Reinbek bei Hamburg.

Abbildung: Das Geburtshaus Obersalzbrunn/Schlesien, 'Hauptmann's Hotel zur Krone'.

Ricarda Huch 1864-1947

33. ZWEI GÄRTEN

Schwer von Jasmindurft, weht aus dunklen Gärten
Der Mittagswind:
Ich denke euer, die ihr Spielgefährten
mir wart als Kind.

Der Tulpenbaum mit grünen Blumenbechern,
Drin Nektar quillt,
Der gute Birnbaum, der uns kleinen Zechern
Die Hand gefüllt.

Vorüber eilt man scheu dem feuchten Grunde,
wo moosbefleckt,
Dämonenbös mit schwarzem Schlangenmunde
Der Brunnen schreckt.

Ein Ton von Bienen, die den Honig mischen,
Summt überall,
Unendlich klagt des Nachts aus Duftgebüschen
Die Nachtigall.

Ein Garten war, da blühten Georginen
Im Purpurflor
Und Sonnenblumen mit des Cherubs Mienen
Am offenen Tor.

Mohnpuppen kamen auch, die schön berockten,
Im grünen Schal,
Wenn die Holunderblütenküchlein lockten
Zu duftgem Mahl,

Der weiße Elefant verbarg im Grase
Sein Rosenohr,
Das rote Bällchen sich als Seifenblase
Im Blau verlor.

Es weht mich an, Erinnerungen trunken,
Der Mittagswind.
An alte Gärten denke ich, die versunken
Auf immer sind.

Ricarda Huch, aus: Herbstfeuer. Gedichte. IB 144, Insel Verlag Frankfurt. 'Zwei Gärten'.

Abbildung: Das Geburtshaus der Dichterin in Braunschweig, Inselwall 16.

Stefan George 1868-1933

34. Entsprechend Stefan Georges Gesamtwerk werden auch die wenigen Schilderungen des Dichters über seine Heimat und über seine Kindheit weithin mythisch und mystisch überhöht dargestellt, so zum Beispiel in 'Sonntage auf meinem Land':

'...Das altertümliche dorf wo unsere vorfahren lebten und der reihe nach an der eppichbewachsenen mauer des kirchhofes begraben sind. Auf den wacken-gepflasterten gassen grüssen mich einige leute die ich niemals vorher gesehen habe und auf dem kirchweg begegnet mir eine greisin die mich mit urväterlicher freude erkennt und befragt. Dunkel tauchen mir wieder auf: das rundbogige hölzerne tor die geschnitzten köpfe am treppenaufgang und die unmodischen möbel die anheimeln wie die verjährte ehrliche gastlichkeit der inwohner. Ich hätte mich auch gern nach dem alten ohm erkundigt: ich wusste aber wahrlich nicht ob er nicht schon gestorben war...'

Oder in folgendem Gedicht, der letzten Strophe aus 'Ursprünge im siebenten Ring':

> Doch an dem flusse im schilfpalaste
> Trieb uns der wollust erhabenster schwall:
> In einem sange den keiner erfasste
> Waren wir heischer und herrscher vom All.
> Süss und befeuernd wie Attikas choros
> Über die hügel und inseln klang:
> CO BESOSO PASOJE PTOROS
> CO ES ON HAMA PASOJE BOAN.

Auszug aus: STEFAN GEORGE, dargestellt von Franz Schonauer romo 44
Copyright © 1960 by Rowohlt Taschenbuch Verlag GmbH, Reinbek bei Hamburg.

Abbildung: Geburtshaus Georges in Bingen-Büdesheim.

Christian Morgenstern 1871-1914

35. *Aus:* Autobiographische Notiz

'Ich wurde am 6. Mai 1871 als einziges Kind des Landschaftsmalers Carl Ernst Morgenstern (Sohn des Landschaftsmalers Christian Morgenstern) und seiner Ehefrau Charlotte Schertel (Tochter des Landschaftsmalers Josef Schertel) in München geboren und erlebte in unserm gegen Nymphenburg zu gelegenen — aller Kunst und heiteren Geselligkeit geöffneten — Hause mit parkartigem Garten glückliche, eindrucksreiche Kinderjahre. Meine Eltern reisten viel, zuerst aus Lebenslust, dann aus Rücksicht auf ein beginnendes Lungenleiden meiner Mutter, und nahmen mich schon von meinem dritten oder vierten Jahre an überallhin mit. Besonders ist mir eine lange Reise durch Tirol, die Schweiz und das Elsaß in Erinnerung, die im wesentlichen in einer von zwei unermüdlichen Juckern gezogenen Kutsche zurückgelegt wurden. Dazwischen und später waren es dann die (damals noch ländlichen) bayerischen Seedörfer Kochel, Murnau, Seefeld, Herrsching, Weßling und noch später schlesische Dörfer am Zobten und im Vorland des Riesengebirges, die dem sehr viel einsamen und stillfrohen Knaben unvergeltbar Liebes erwiesen. Solch freundliches Los ward ihm zumal durch die Lebensführung des Vaters, der als freier Landschafter sowohl, wie dann, als er an die Breslauer Kunstschule berufen worden war, Sommer um Sommer ins Land hinauszog; wozu noch kam, daß er ihn, als eifriger Jäger, bisweilen in seinen Jagdgebieten und Jagdquartieren mit sich hatte. Diese Jahre waren grundlegend für ein Verhältnis zur Natur, das ihm später die Möglichkeit gab, zeitweise völlig in ihr aufzugehen. Sie waren aber auch nötig, denn bald nach seinem zehnten Jahre, in dem er die Mutter verlor, begann der Ansturm feindlicher Gewalten von außen wie von innen...'
Aus: Christian Morgenstern, Gesammelte Werke in einem Band, Seite 7. Verlag R. Piper & Co, München 1966.

Abbildung: Das Geburtshaus in München, Theresienstraße 12 (Aufnahme 1909).
Das Haus brannte im Jahr 1936 ab.

Hugo von Hofmannsthal 1874-1929

36. '...Auch wüßte ich nicht, woher mir das menschenfeindliche Element gekommen sein sollte. Meine beiden Großväter, der Notar und der Seidenfabrikant, waren... rechtliche, gesellige, in allen menschlichen Verhältnissen heimische Männer. Meine Großmütter waren zwei merkwürdige Frauen: die italienische die Urbanität selber, und die deutsche eine Frau, in deren Kopf die Privatverhältnisse von Tausenden von Menschen Platz hatten, die sich mindestens mit der Phantasie in zahllose Existenzen mischte. Meine Mutter konnte an Leuten, die sie nur dem Namen nach und aus Erzählungen kannte, einen unglaublichen Anteil nehmen: fremde Schicksale konnten bei ihrer geheimnisvoll erregbaren Natur die schönste Lebhaftigkeit in ihr entfesseln und die schwersten Verdüsterungen verursachen. Wie mein Vater aus seinem Amt die Verhältnisse von zahllosen Menschen, Gutsherren, Finanzleuten, Agenten, Geldjuden, Beamten, Politikern in sich herumträgt und soviel Widersprechendes ebenso scharf auffaßt als mit Humor sich gefallen läßt, ist unvergleichlich, und dazu ist noch seine liebste Lektüre das Lesen von Memoiren, Selbstbiographien, historischen Charakteristiken, von denen er jährlich seine zweihundert Bände hinter sich bringt, so daß er die Porträts von soviel Menschen vielleicht in sich trägt wie Browning oder Dickens...'

Aus: Hugo von Hofmannsthal, Gesammelte Werke in Einzelausgaben. Herausgegeben von Herbert Steiner, S. Fischer, Frankfurt am Main, vormals Beermann-Fischer, Stockholm, 1945-1959. Band 15, Aufzeichnungen, Seite 152 f. (1959).
Zitiert nach: Bildmonographien, Rowohlt, Band 127, Werner Volke, Reinbek bei Hamburg (Rowohlt Taschenbuch Verlag, 1967.)

Abbildung: Das Geburtshaus in Wien III, Salesianergasse 12. (Foto: Historisches Museum der Stadt Wien.)

Rainer Maria Rilke 1875-1926

37.   Laß dir, daß Kindheit war, diese namenlose
Treue der Himmlischen, nicht widerrufen vom Schicksal,
selbst den Gefangenen noch, der finster im Kerker verdirbt,
hat sie heimlich versorgt bis ans Ende. Denn zeitlos
hält sie das Herz. Selbst den Kranken,
wenn er starrt und versteht, und schon gibt ihm das Zimmer nicht mehr
Antwort, weil es ein heilbares ist −, heilbar
liegen seine Dinge um ihn, die fiebernden, mit-krank,
aber noch heilbar, um den Verlorenen: i h m selbst
fruchtet die Kindheit. Reinlich
in der verfallnen Natur hält sie ihr herzliches Beet.

Aus: Rainer Maria Rilke in Selbstzeugnissen und Bilddokumenten, dargestellt von Hans Egon Holthusen, Seite 11.
Rowohlts Monographien, Band 22. Rowohlt, Reinbek bei Hamburg, 1977.

Abbildung: In diesem Haus in Prag-Neustadt, Heinrichsgasse 19, wurde Rilke geboren.
(Reproduktion einer Fotografie von 1923.)

38. *Das eigentliche Geburtshaus Thomas Manns ist nicht bekannt. Zur Zeit seiner Geburt, im Juni des Jahres 1875, war die Familie in einer gemieteten Sommervilla 'vor den Toren'; da es seinerzeit keine Meldepflicht gab, ist dieses Haus nicht mehr festzustellen. Obwohl sich die Wohnung der Familie Mann damals in der Breiten Straße 38 befand (das Haus ist im Zweiten Weltkrieg zerstört worden), wurde Thomas Mann in das Geburtsregister unter der Firmenadresse Mengstraße 4, dem sogenannten 'Buddenbrookhaus' eingetragen.*

'...Man saß im 'Landschaftszimmer', im ersten Stockwerk des weitläufigen alten Hauses in der Mengstraße, das die Firma Johann Buddenbrook vor einiger Zeit käuflich erworben hatte und das die Familie noch nicht lange bewohnte. Die starken und elastischen Tapeten, die von den Mauern durch einen leeren Raum getrennt waren, zeigten umfangreiche Landschaften, zartfarbig wie der dünne Teppich, der den Fußboden bedeckte, Idylle im Geschmack des achtzehnten Jahrhunderts, mit fröhlichen Winzern, emsigen Ackersleuten, nett gebänderten Schäferinnen, die reinliche Lämmer am Rande spiegelnden Wassers im Schoße hielten oder sich mit zärtlichen Schäfern küßten. Ein gelblicher Sonnenuntergang herrschte meistens auf diesen Bildern, mit dem der gelbe Überzug der weißlackierten Möbel und die gelbseidenen Gardinen vor beiden Fenstern übereinstimmten. Im Verhältnis zu der Größe des Zimmers waren die Möbel nicht zahlreich. Der runde Tisch mit den dünnen, geraden und leicht mit Gold ornamentierten Beinen stand nicht vor dem Sofa, sondern an der entgegengesetzten Wand, dem kleinen Harmonium gegenüber, auf dessen Deckel ein Flötenbehälter lag. Außer den regelmäßig an den Wänden verteilten steifen Armstühlen gab es nur noch einen kleinen Nähtisch am Fenster und, dem Sofa gegenüber, einen zerbrechlichen Luxus-Sekretär, bedeckt mit Nippes. Durch eine Glastür, den Fenstern gegenüber, blickte man in das Halbdunkel einer Säulenhalle hinaus, während sich linker Hand vom Eintretenden die hohe weiße Flügeltür zum Speisesaale befand. An der anderen Wand aber knisterte, in einer halbkreisförmigen Nische und hinter einer kunstvoll durchbrochenen Tür aus blankem Schmiedeeisen, der Ofen. Denn es war frühzeitig kalt geworden. Draußen, jenseits der Straße, war schon jetzt, um die Mitte des Oktober, das Laub der kleinen Linden vergilbt, die den Marienkirchhof umstanden, um die mächtigen gotischen Ecken und Winkel der Kirche pfiff der Wind, und ein feiner, kalter Regen ging hernieder. Madame Buddenbrook, der Älteren, zuliebe hatte man die doppelten Fenster schon eingesetzt. Es war Donnerstag, der Tag, an dem ordnungsgemäß jede zweite Woche die Familie zusammenkam; heute aber hatte man, außer den in der Stadt ansässigen Familienmitgliedern, auch ein paar gute Hausfreunde auf ein ganz einfaches Mittagbrot gebeten, und man saß nun, gegen vier Uhr nachmittags, in der sinkenden Dämmerung und erwartete die Gäste...'
Aus: Thomas Mann – BUDDENBROOKS – © 1922 by S. Fischer Verlag AG, Berlin.

Abbildung: Mengstraße 4 zu Lübeck, das 'Buddenbrookhaus'.
(Unter dieser Anschrift wurde die Geburt Thomas Manns im Jahr 1875 registriert.)

Gertrud von le Fort 1876-1971

39. Das tatsächliche Geburtshaus Gertrud von le Forts läßt sich leider bis jetzt nicht mit letzter Sicherheit nachweisen. Während entsprechende Adreßbücher Mindens die Familie im Jahr 1876 als in der Lindenstraße 19 wohnhaft ausweisen, ist im Geburtseintrag als Wohnung der Eltern die Rosentalstraße angegeben. Auch eine Nachfrage beim Landeskirchlichen Archiv der Evangelischen Kirche von Westfalen in Bielefeld, als Militärkirchengemeinde für die Belange des Vaters Lothar von le Fort zuständig, ergab keine Klarheit. Im Jahr 1880 ist die Familie in Minden, Weingartenstraße 30, gemeldet; dieses Haus mit seinem Garten wird offensichtlich auch von der Dichterin in Äußerungen über ihre Kindheit erwähnt.

'Als ich geboren wurde, stand mein Vater in Minden. Wenn ich an diese meine Geburtsstadt zurückdenke, sehe ich einen Garten mit einem großen Rotdornbaum vor mir. Ich hatte an diesem Baum eine unbeschreibliche Freude... Neben dem Rotdorn gibt es noch eine Erinnerung an unseren Mindener Garten, nämlich ein großes Heckenloch zwischen ihm und dem Nachbargrundstück. Durch dieses Heckenloch schlüpften mein erster kleiner Spielkamerad und ich täglich zueinander. Er hieß Otto Süß, und wir hielten treulich zusammen gegen seinen älteren Bruder, der uns durch seine Neckereien eine Überlegenheit fühlen ließ, die uns entrüstete. Otto und ich waren als Spielkameraden so unzertrennlich, daß wir uns gemeinsam stundenlang im Himbeerdickicht unseres Gartens versteckten...'
Aus: Hälfte des Lebens, Seiten 7/8. Ehrenwirth Verlag, München 1972.

Die Wandervögel ziehen —
Daß ich nicht Flügel hab!
Noch einmal wollt ich knien
an meiner Mutter fernem Grab.

Noch einmal Blumen tragen
auf das verlaßne Hügelbeet,
mit bangen Augen fragen,
ob auch das Kreuz darauf noch steht?

Das Haus ist wohl verschwunden,
darin sie einst so mild gebot —
Ob es noch Trümmer kunden?
Oder sind auch die Trümmer tot?

Gertrud von le Fort, aus: Gedichte, Insel Verlag Frankfurt. 'Die Wandervögel'.

Abbildung: Das Haus in der Weingartenstraße zu Minden (Vorder- und Gartenansicht).

Hermann Hesse 1877-1962

40. 'Meine Geburt geschah in früher Abendstunde an einem warmen Tag im Juli, und die Temperatur jener Stunde ist es, welche ich unbewußt mein Leben lang geliebt und gesucht und, wenn sie fehlte, schmerzlich entbehrt habe.'

'...Die gütige Weisheit des Großvaters, die unerschöpfliche Phantasie und Liebeskraft unserer Mutter und die verfeinerte Leidensfähigkeit und das empfindliche Gewissen unsres Vaters, sie haben uns erzogen...', *schreibt Hermann Hesse 1946 an seine Schwester Adele. Und an einer anderen Stelle heißt es:* '...Viele Welten kreuzten ihre Strahlen in diesem *(dem elterlichen)* Hause. Hier wurde gebetet und in der Bibel gelesen, hier wurde studiert und indische Philologie getrieben, hier wurde viel gute Musik gemacht, hier wußte man von Buddha und Lao Tse, Gäste kamen aus vielen Ländern, den Hauch von Fremde und Ausland an den Kleidern, mit absonderlichen Koffern aus Leder und aus Bastgeflecht und dem Klang fremder Sprachen, Arme wurden hier gespeist und Feste gefeiert, Wissenschaft und Märchen wohnten nah beisammen... Es war eine Welt mit ausgesprochen deutscher und protestantischer Prägung, aber mit Ausblicken und Beziehungen über die ganze Erde hin, und es war eine ganze, in sich einige, heile, gesunde Welt... Diese Welt war reich und mannigfaltig, aber sie war geordnet, sie war genau zentriert, und sie gehörte uns, wie uns Luft und Sonnenschein, Regen und Wind gehörten...'

Auszug aus: HERMANN HESSE, dargestellt von Bernhard Zeller romo 85
Copyright © 1963 by Rowohlt Taschenbuch Verlag GmbH, Reinbek bei Hamburg.

Abbildung: Das Geburtshaus in Calw/Schwarzwald. (Foto: Ullstein-Eschen, 1962.)

Hans Carossa 1878-1956

41. 'An einem Wintersonntag des Jahres 1878 wurde ich zu Tölz in Oberbayern geboren. An diesen schönen vielbesuchten Badeort, bei dem die grüne Isar aus den Alpen hervorschäumt, sind mir leider nicht viele Erinnerungen geblieben; mein bewußtes Leben begann erst in dem nahen Königsdorf, wo sich mein Vater bald nach meiner Geburt als Arzt niederließ...'

AN EIN KIND

Schnee fiel auf das Haus deiner Mutter,
Sie wußte noch nichts von dir,
Noch nicht, mit welchen Augen
Du blicken würdest auf sie.

Sie ging durch den Tag oft so bang,
Als ob ihr ein Leid von dir drohte,
Und hielt ihre schwachen Hände
Doch schützend über dein Blut.

Wie Wettermorgen die Sonne
Trug sie dein Los aus dem Dunkel.
Du warst noch nicht auf Erden
Und doch schon überall da.

SELIGE GEWISSHEIT

Ja, du bist Welle vom frühesten Licht,
Hast ein Erdenkleid genommen,
Bist in eine Welt gekommen.
Glaub an die Heimat! Betrübe dich nicht!
Glaub an die Heimat! Sie ist überall.
Schwarze Kohle wird heller Kristall,
Vom Strahl des Geistes getroffen.
Der Weg zum Ursprung, noch steht er uns offen.
Liebende flochten die magische Leiter,
Immer liebender wage dich weiter
Bis zu der letzten Sprosse hinan,
Wo dich ergreift der unendliche Bann!
Wenn die Seele dann herrlich erschrickt
Vor Abgründen, in die keine Ahne geblickt —
Stürze hinab! Geheiligt dein Fall —
Heimat umleuchtet dich bald überall.

Hans Carossa, aus: Samtliche Werke. Insel Verlag Ffm. 1978. 'An ein Kind', 'Selige Gewißheit', 'Eine Kindheit'.

Abbildung: Das Geburtshaus in Bad Tölz, Höhenbergweg 8.

Rudolf Alexander Schröder 1878-1962

42. DAS HAUS

Ich nehm noch oft den Weg
Durch die gewohnte Gasse,
Daß hintern Gitter schräg
Ich dort ein Haus erpasse.

Zwölf Fenster schaun mich an;
Den Blick erwidr ich eben
Und bin, eh ich's versann,
In meinem alten Leben.

Die Wände sind wie Glas,
Vor Augen und vor Handen
Geschirr, Gerät, Gefaß
Stehn, wie sie sonst gestanden.

Als stünd die Zeit gebannt,
Als dürften noch die Türen
Den Druck von linder Hand,
die lange modert, spüren.

Als träte Vater dort
Frühmorgens vor die Schwelle
Und rief mit strengem Wort
Die Säumigen zur Stelle.

Als dürftest du den Troß
Zu Mittag heim erwarten,
Der lärmend sich ergoß
Durch Kammer, Flur und Garten.

Dort Mutters Zimmer. – Vorn
Zur Linken Vater seines.
In dem bin ich geborn
Und lieg, ein Kind, ein kleines.

Das hat auf erster Spur
Die Augen aufgehoben,
Zum Wiegenhimmel nur,
Noch nicht zu dem da droben.

Ein kleines, kleines Kind;
Und nun, nach wenig Jahren,
Wie viele schon, die sind
Vor mir hinabgefahren!

Du aber dauerst aus
Und dünkst mich anzusehen,
Als wär in dir, o Haus,
Derweilen nichts geschehen.

Die Zeit nimmt ihren Gang;
Auch du, mein Haus, wirst alten.
Doch wünsch ich dir: bleib lang
Behütet und behalten.

Dem, der dir jetzt gebeut,
Geb ich den Wunsch zu lesen,
Er möge froh sein heut,
Wo wir einst froh gewesen.

Rudolf Alexander Schröder, aus: Gesammelte Werke. Suhrkamp Verlag Frankfurt 1952. 'Das Haus'.

Abbildung: R.A. Schröders Geburtshaus in Bremen, Ellhornstraße 19.
(Zeichnung von Hagedorn, Hamburg/Rechte bei Carl. Ed. Schünemann Verlag, Bremen.)

Agnes Miegel 1879-1964

43.   HEIMWEH

Ich hörte heute morgen
am Klippenhang die Stare schon.
Sie sangen wie daheim,
und doch war es ein andrer Ton.

Und blaue Veilchen blühten
auf allen Hügeln bis zur See.
In meiner Heimat Feldern
liegt in den Furchen noch der Schnee.

In meiner Stadt im Norden
stehn sieben Brücken, grau und greis,
an ihre morschen Pfähle
treibt dumpf und schütternd jetzt das Eis.

Und über grauen Wolken
es fein und engelslieblich klingt, —
und meiner Heimat Kinder
verstehen, was die erste Lerche singt.

Aus: Agnes Miegel, Gesammelte Gedichte. © 1952 by Eugen Diederichs Verlag Düsseldorf/Köln.

Abbildung: Königsberg. (In Ermangelung eines Fotos von der Dichterin Geburtshaus.)

Schloß

Altstädter Tränkstraße

PREUSSISCHE HANSESTADT KÖNIGSBERG

Dominsel

Stefan Zweig 1881-1942

44. 'Ich habe meiner Person niemals soviel Wichtigkeit beigemessen, daß es mich verlockt hätte, anderen die Geschichte meines Lebens zu erzählen. Viel mußte sich ereignen, unendlich viel mehr, als sonst einer einzelnen Generation an Geschehnissen, Katastrophen und Prüfungen zugeteilt ist, ehe ich den Mut fand, ein Buch zu beginnen, das mein Ich zur Hauptperson hat oder — besser gesagt — zum Mittelpunkt. Nichts liegt mir ferner, als mich damit voranzustellen, es sei denn im Sinne des Erklärers bei einem Lichtbildervortrag... Ich wurde im Jahr 1881 in einem großen und mächtigen Kaiserreiche geboren, in der Monarchie der Habsburger, aber man suche sie nicht auf der Karte: sie ist weggewaschen ohne Spur. Ich bin aufgewachsen in Wien, der zweitausendjährigen übernationalen Metropole, und habe sie wie ein Verbrecher verlassen müssen, ehe sie degradiert wurde zu einer deutschen Provinzstadt...'

'...Zeit und Alter hatten ein anderes Maß. Man lebte gemächlicher, und wenn ich versuche, mir die Figuren der Erwachsenen zu erwecken, die um meine Kindheit standen, so fällt mir auf, wie viele von ihnen frühzeitig korpulent waren. Mein Vater, mein Onkel, meine Lehrer, die Verkäufer in den Geschäften, die Philharmoniker an ihren Pulten waren mit vierzig Jahren alle schon beleibte 'würdige' Männer. Sie gingen langsam, sie sprachen gemessen und strichen im Gespräch sich die wohlgepflegten, oft schon angegrauten Bärte. Aber graues Haar war nur ein neues Zeichen für Würde, und ein 'gesetzter' Mann vermied bewußt die Gesten und den Übermut der Jugend als etwas Ungehöriges. Selbst in meiner frühesten Kindheit, als mein Vater noch nicht vierzig Jahre alt war, kann ich mich nicht entsinnen, ihn je eine Treppe hastig hinauf- oder hinunterlaufen gesehen zu haben oder überhaupt etwas in sichtbarer Form hastig tun...'

Stefan Zweig – DIE WELT VON GESTERN – Copyright 1944 by Bermann-Fischer Verlag AB, Stockholm.

Abbildung: Das Geburtshaus Stefan Zweigs in Wien 1, Schottenring 14.
(Fotografie von Czihak. Historisches Museum der Stadt Wien.)

Franz Kafka 1883-1924

45. 'In uns leben noch immer die dunklen Winkel, geheimnisvollen Gänge, blinden Fenster, schmutzigen Höfe, lärmenden Kneipen und verschlossenen Gasthäuser. Wir gehen durch die breiten Straßen der neuerbauten Stadt. Doch unsere Schritte und Blicke sind unsicher. Innerlich zittern wir noch so wie in den alten Gassen des Elends. Unser Herz weiß nichts von der durchgeführten Assanation. Die ungesunde alte Judenstadt in uns ist viel wirklicher, als die hygienische neue Stadt um uns.'
Aus: Gustav Janouch, Gespräche mit Kafka. Erinnerungen und Aufzeichnungen. Frankfurt am Main 1951. Seite 42.

'...Nun, ich lebe in meiner Familie, unter den besten und liebevollsten Menschen, fremder als ein Fremder. Mit meiner Mutter habe ich in den letzten Jahren durchschnittlich nicht zwanzig Worte täglich gesprochen, mit meinem Vater kaum jemals mehr als Grußworte gewechselt. Mit meinen verheirateten Schwestern und den Schwägern spreche ich gar nicht, ohne etwa mit ihnen böse zu sein. Der Grund dessen ist einfach der, daß ich mit ihnen nicht das Allergeringste zu sprechen habe. Alles, was nicht Literatur ist, langweilt mich und ich hasse es, denn es stört mich oder hält mich auf, wenn auch nur vermeintlich. Für Familienleben fehlt mir dabei jeder Sinn außer dem des Beobachters im besten Fall. Verwandtengefühl habe ich keines, in Besuchen sehe ich förmlich gegen mich gerichtete Bosheit...'
Aus den Tagebüchern 1910-1923, Seite 318 f.

Franz Kafka in Selbstzeugnissen und Bilddokumenten, dargestellt von Klaus Wagenbach. Rowohlt Monographien, Nr. 91. Rowohlt Verlag, Reinbek bei Hamburg, 15. Auflage 1978.

Abbildung: Franz Kafkas Geburtshaus, das Haus 'Zum Turm' zu Prag.

Gottfried Benn 1886-1956

46. '...Lebensweg eines Intellektualisten oder das schicksalhafte Anwachsen der Begriffswelt oder das Verhältnis des Nordens zur Form – das sind meine Themen, und ich will gleich aussprechen, daß ich auch die Mittelmeerwelt in mir trage, sogar zu fünfzig Prozent, meine Mutter war reine Romanin. Aber ich beginne meine genealogische Rechtfertigung auf des Vaters Seite, nämlich mit der Feststellung, daß ich 1886 in dem Dorf Mansfeld (Westprignitz) im Pfarrhaus als Sohn des damaligen Pfarrers geboren bin, in den gleichen Zimmern, in denen 1857 mein Vater, Gustav Benn, ebenfalls als Sohn eines Pfarrers dort geboren war. Hinter diesem, meinem Großvater, kommt eine Reihe von Vorfahren, die Hofbesitzer und Vollbauern waren und deren Stamm sich im Kirchenbuch ihres Heimatdorfes Rambow bei Perleberg bis zum Jahr 1704 zurückverfolgen läßt. Die Benns wohnen noch jetzt in den Dörfern jener Gegend...'

Doch das Pfarrhaus in Mansfeld wird nicht zur Heimat des kleinen Gottfried, denn schon ein halbes Jahr nach seiner Geburt verläßt die Familie den Ort; Sellin in der Neumark wird zur echten Heimat für den Jungen und bleibt es stets auch für den Mann. Aber es gibt viele Ähnlichkeiten zwischen Mansfeld und Sellin: die Familienbeziehungen bleiben, und auch die Natur ringsum zeigt die gleichen Merkmale. 'Brandenburg blieb auch weiter meine Heimat', *schreibt Benn (Sellin),* 'ein Dorf mit siebenhundert Einwohnern in der norddeutschen Ebene, großes Pfarrhaus, großer Garten, drei Stunden östlich der Oder. Das ist auch heute noch meine Heimat, obgleich ich niemanden mehr dort kenne, Kindheitserde, unendlich geliebtes Land. Dort wuchs ich mit den Dorfjungen auf, sprach Platt, lief bis zum November barfuß, lernte in der Dorfschule, wurde mit den Arbeiterjungen zusammen eingesegnet, fuhr auf dem Erntewagen in die Felder, auf die Wiesen zum Heuen, hütete die Kühe, pflückte auf den Bäumen die Kirschen und Nüsse, klopfte Flöten aus Weidenruten im Frühjahr, nahm Nester aus. Ein Pfarrer bekam damals von seinem Gehalt noch einen Teil in Naturalien, zu Ostern mußte ihm jede Familie aus der Gemeinde zwei bis drei frische Eier abliefern, ganze Waschkörbe voll standen in unseren Stuben, im Herbst jeder Konfirmierte eine fette Gans. Eine riesige Linde stand vorm Haus, steht noch heute da, eine kleine Birke wuchs auf dem Haustor, wächst noch heute dort, ein uralter gemauerter Backofen lag abseits im Garten...'
Aus: Gottfried Benn, Gesammelte Werke, Band IV, Seiten 21 und 26. Verlag Klett-Cotta, Stuttgart.

Abbildung: Das Pfarrhaus in Mansfeld/Westpriegnitz, in dem Gottfried Benn am 2. Mai 1886 geboren wurde.

Kurt Tucholsky 1890-1935

47.   MUTTERNS HÄNDE

Hast uns Stulln jeschnitten
un Kaffe jekocht
un de Töppe rübajeschohm —
un jewischt und jenäht
un jemacht und jedreht...
alles mit deine Hände.

Hast de Milch zujedeckt,
uns Bobongs zujesteckt
un Zeitungen ausjetragen —
hast die Hemden jezählt
und Kartoffeln jeschält...
alles mit deine Hände.

Hast uns manches Mal
bei jroßen Schkandal
auch'n Katzenkopp jejeben.
Hast uns hochjebracht.
Wir wahn Sticker acht,
sechse sind noch am Leben...
Alles mit deine Hände.

Heiß warn se un kalt.
Nu sind se alt.
Nu bist du bald am Ende.
Da stehn wa nu hier,
und denn komm wir bei dir
und streicheln deine Hände.

Aus: Kurt Tucholsky, GESAMMELTE WERKE, Band 111/Seite 138 Copyright © 1960 by Rowohlt Verlag GmbH, Reinbek bei Hamburg.

Abbildung: Sein Geburtshaus in Berlin-Moabit, Lübecker Straße 13.

Carl Zuckmayer 1896-1977

48. '...Als ich, im Sommer 1952, zum erstenmal nach einer jahrzehntelangen Pause, meinen Heimatort und mein Geburtshaus wieder betrat, das inzwischen teilweise umgebaut und völlig anders eingerichtet worden war, blieb ich in einem von Menschen erfüllten Zimmer erstaunt stehn und schaute auf ein bestimmtes Fenster. Ich wußte plötzlich, ich kenne dieses Fenster, ich kenne es ganz genau. Ich sehe es vom Gitter eines Kinderbettchens her, durch die weißen Mullschleier eines Moskitonetzes, als ein offenes Viereck bei Nacht, und dahinter, im ansteigenden Weinberg, ist das zauberische Funkeln und Schwirren unzähliger feuergrüner Leuchtkäfer. Meine Mutter, die an diesem Besuch teilnahm, bestätigte mir, daß ich als kleines Kind wirklich in diesem Zimmer geschlafen hatte. Als ich aber dann zu dem Fenster trat und hinausschaute, war da gar kein Weinberg, sondern eine quadratische Pflanzung von Obstbäumen. Aber der alte Lorenz Horn, einer der frühsten Mitarbeiter meines Vaters, erklärte mir: 'Du hast ganz recht, Kall. Die Appelbäum sind erst dreißig Jahr alt. Damals war da noch euern Weinberg.' Das muß in oder vor meinem vierten Lebensjahr gewesen sein, denn im Jahr 1900 zogen wir in die große Stadt, nach Mainz...'
Aus: Carl Zuckmayer, ALS WÄR'S EIN STÜCK VON MIR – © Carl Zuckmayer 1966, mit Genehmigung der S. Fischer GmbH, Frankfurt am Main.

Abbildung: Das Geburtshaus in Nackenheim am Rhein auf dem Gelände der Vereinigten Kapselfabriken. Ganz links der Vater des Dichters, Carl Zuckmayer sen. (Foto: Hans Graetz, Mainz.)

Karl Heinrich Waggerl 1897-1973

49. 'Als ich um die Mitte einer stürmischen Winternacht geboren worden war und zum ersten Male Atem schöpfen sollte, gelang es mir nicht gleich, wegen einer Eigenheit meines Wesens, die mich nachher noch oft in Verlegenheit brachte, weil es mein Leben lang die Regel blieb, daß mir das Selbstverständliche immer mißglückte. Den ersten Tag über mußten deshalb die Anverwandten der Reihe nach neben meinem Korb auf Wache ziehen. Sooft ich versuchte, heimlich wieder ins Jenseits zurückzuflüchten, wurde ich herausgeholt und wie eine billige Jahrmarktuhr so lang geschüttelt, bis das schlechtgefügte Räderwerk in meinem Innern wieder für eine Weile zu ticken begann. Erst am anderen Morgen, als mir das Taufwasser gar zu reichlich in den Mund rann, entschloß ich mich endgültig, am Leben zu bleiben, aus Entrüstung vielleicht, denn ich wollte mich doch nicht hinterrücks ersäufen lassen. Es begab sich aber auch sonst allerlei Ungewöhnliches mit mir in dieser ersten Zeit. Meine Schwester hat mir später oft mit Grausen vorgehalten, wie sie mich einmal im Korbwagen allein in der Sonne stehenließ, damit sie sich ein wenig mit den Nachbarkindern vergnügen könnte. Und als sie wiederkam, sei ich verschwunden gewesen, aber an meiner Statt habe ein schwarzer zottiger Hund auf den Kissen gelegen. Näher mochte sie damals nicht zusehen, und deshalb konnte sie auch nicht sagen, auf welche Weise es nachher der Mutter gelungen war, mir wieder zu meiner menschlichen Gestalt zu verhelfen. Wir wohnten um diese Zeit im Dachgeschoß einer Schmiede. Das Haus klebte am Rande einer felsigen Schlucht ungeheuer hoch über dem Wasserfall von Gastein, und das ganze düstere Gemäuer zitterte immerfort vom Dröhnen des Hammers und von dem brausenden Schwall in der nebelfeuchten Tiefe. Manchmal, wenn der Bach viel Wasser führte, wuchs der Lärm so gewaltig an, daß man sich in unserer Kammer nur noch durch Gebärden verständigen konnte. Für meine Mutter und ihre behende Zunge war das eine harte Prüfung, ein Ärgernis obendrein, weil es nämlich dem Vater gar nichts ausmachte. Er war Zimmermann von Beruf und deshalb schwerhörig, wie es den meisten Leuten dieser Zunft eigen ist, nach dem unbegreiflichen Ratschluß des Schöpfers, der ja nicht selten das Stille auch noch stumm und das Laute um so lauter sein läßt.'
Aus: Karl Heinrich Waggerl, 'Fröhliche Armut'. Otto Müller Verlag, Salzburg.

Abbildung: Das Geburtshaus Karl Heinrich Waggerls in Bad Gastein, das Haus Bergfriede an der Böcksteinerstraße. (Aufnahme Zimburg, Bad Gastein.)

Bertolt Brecht 1898-1956

50.   SCHWIERIGE ZEITEN

Stehend an meinem Schreibpult
Sehe ich durchs Fenster im Garten den Holunderstrauch
Und erkenne darin etwas Rotes und etwas Schwarzes
Und erinnere mich plötzlich des Holders
Meiner Kindheit in Augsburg.
Mehrere Minuten erwäge ich
Ganz ernsthaft, ob ich zum Tisch gehen soll
Meine Brille holen, um wieder
Die schwarzen Beeren an den roten Zweiglein zu sehen.

RÜCKKEHR

Die Vaterstadt, wie find ich sie doch?
Folgend den Bomberschwärmen
Komm ich nach Haus.
Wo denn liegt sie? Wo die ungeheueren
Gebirge von Rauch stehen.
Das in den Feuern dort
Ist sie.

Die Vaterstadt, wie empfängt sie mich wohl?
Vor mir kommen die Bomber. Tödliche Schwärme
Melden euch meine Rückkehr. Feuersbrünste
Gehen dem Sohn voraus.

Bertolt Brecht, aus: Gesammelte Werke. Suhrkamp Verlag Frankfurt 1967. 'Schwierige Zeiten', 'Rückkehr'.

Abbildung: Brechts Geburtshaus in Augsburg, Auf dem Rain 7.

Reinhold Schneider 1903-1958

51. '...Ich steige die Stufen zur Terrasse hinauf, unter dem gewölbten Glasdach, das so viel Ankunft und Abschied beschützt hat, und betrete die Eingangstreppe. Das sind nun wohl fünfunddreißig Jahre her, seit ich hier nicht mehr ging. Die altvertraute Tür weicht zurück. Hier, rechts in dem kleinen Konversationszimmer, das früher durch einen Plüschvorhang abgeschlossen werden konnte, stehen auf einem Tisch die Bier- und Thermosflaschen, die Eßgeschirre der Arbeiter, und dahinter lehnen die Räder an der Wand; Mäntel, Rucksäcke und Mützen sind darauf abgelegt. Nadelstiche der Erinnerung! Hier hat einmal ein junger schwindsüchtiger Künstler seine Bildchen aufgehängt. Er konnte sie nach drei Tagen der Geduld alle wieder einsammeln, obwohl er nicht mehr als fünfzig oder hundert Mark für ein jedes Stück verlangt haben wird. Am Eckpfeiler heftete der Portier — ein Schweizer mit blondem Spitzbart, überhitztem Gesicht, blinkenden Schlüsseln auf den Rockumschlägen und im Benehmen gegen die Pagen ebenso ordinär wie poliert gegen die Gäste —, hier heftete Herr Pflüger im Jahre 1914 erst die Mitteilung aus Sarajewo an, und dann, im glorreichen August, die noch feuchten Extrablätter: Kriegserklärungen, die das Selbstbewußtsein stärkten, Nachrichten von bestürzenden Siegen unter Höchstem Befehl, von Dum-Dum-Geschossen, von empörenden Mißhandlungen, denen die Schwestern vom Roten-Kreuz ausgesetzt waren, von unglaublichen Spionageaffären. Aber das Interesse erkaltete bald. Schon im nächsten Jahre — wenn ich mich noch recht erinnere — fand Herr Pflüger keinen Anlaß mehr, sich weiterhin um die Stelle in Baden-Baden zu bewerben. Der aufsichtführende Zimmermann kommt auf mich zu. Mit angemessener Bescheidenheit frage ich, ob ich das Haus noch einmal betreten darf. 'Es gehörte meinen Eltern. Ich habe hier meine Kindheit verbracht. Hier unten auf dem Bänkchen in der Ecke der Terrasse saß jeden Abend mein Vater.' (Und ich sehe ihn, wie er den Zwicker zurechtsetzt, in der Weste aus steifem weißem Piqué, das Treiben im Kurgarten überblickend, das Kommen und Gehen seiner Gäste. Aber jetzt wird er in den Keller gerufen, weil eine besondere Flasche bestellt worden ist, und er zieht schon den gewichtigen Schlüsselbund, den er niemals in andere Hände gibt. 'Für welche Nummer? ' — '62' — 'Ach so. Den Bon!')...'
Reinhold Schneider, aus: Der Balkon. Insel Verlag 1957.

Abbildung: 'Hotel Messmer', das Geburtshaus des Dichters.
Letzte Aufnahme vor dem Abbruch des Mittelteiles des Hauses im Januar 1957. (Foto: Kühn, Baden-Baden.)

Stefan Andres 1906-1970

52. 'Bei Tag und Nacht war im ganzen Hause vom Keller bis zum Speicher die klappernde Stimme der Mühle zu hören. Hatte die Mühle nichts mehr zu fressen, so schrie der Hahn. Er war aus Holz, saß auf dem Rand des Trichters und schaute mit dem Kopf tief gebückt auf das Korn, das unten langsam verschwand. Es kam mir seltsam vor, daß die Mühle, wenn sie nichts mehr zu fressen hatte, nicht selber schrie, sondern den Hahn dazu brauchte. 'Lüllüllüll-lüllüllüll' schrie er und warf sich mit aller Gewalt nach hinten und machte so lange Lärm, bis der Trichter wieder gefüllt war. In der Nacht, wenn ich schlecht geträumt hatte, wurde ich vom Mühlenhahn geweckt. Dann sah ich, wenn der Mond schien, wie der Vater mit beiden Beinen aus dem Bett sprang und ohne die Kerze anzumachen in die Hose schlüpfte, die am Bettpfosten bereit hing, und durch die Hose hindurch in die Pantoffel, die er jeden Abend genau an denselben Platz stellte. Schellte der Hahn tagsüber, sprang sofort, selbst wenn wir bei Tisch saßen, der Vater auf oder, falls er mit dem Mehlwagen unterwegs war, der Knecht. Der Löffel flog neben den Teller, der Stuhl ruckte, die Türe knallte. Die Mühle hatte Hunger, der Hahn rief durch das Haus, und man lief, sie zu füttern. Das war anders, als wenn die Schweine oder die Kühe vor Hunger ihre Stimme erhoben oder das Neugeborene in der Knickwiesisch-Mühle. Die Mühle war, das hörte man aus der Stimme des Hahns, sehr erzürnt. Auch die Mienen derer, die zum Aufschütten eilten, sahen aus, als fürchteten sie, die Mühle könnte plötzlich zu schimpfen anfangen, ihren Trichterkopf gewaltig schütteln und auf ihren Stein- und Eisenrädern durchs ganze Haus laufen, bis auf den Speicher, wo viele dralle Säcke standen und Berge von Korn in den Winkeln lagen. Darum liefen die großen Leute so gehorsam zur Mühle hin, das war gewiß, und darum dachte ich nicht weiter darüber nach. Freundlich war die Mühle überhaupt nur anzusehen, wenn sie mit vollen Backen kaute. Dann zitterte alles an ihr, ihre Kinnladen klapperten im Takt, und ihr Bauch wackelte.'
Aus: Stefan Andres, 'Der kleine Steff'. R. Piper & Co. Verlag, München.

Abbildung: Das Geburtshaus des Dichters in der Mühle von Breitwies bei Trier.
(Heute ein Ortsteil von Trittenheim.)

Wolfgang Borchert 1921-1947

53. 'Heute nacht vor 25 Jahren, früh 3 Uhr, unternahm ich den anmaßenden Versuch, das Abenteuer dieses Lebens allein und ohne meine Mutter zu bestehen. Ich verließ sie, wandte mich ab, trennte mich von ihr... Heute nacht nach 25 Jahren, früh 3 Uhr, nach einem ersten bescheidenen Hineinriechen in das große gewürzige Leben, beginne ich zu ahnen, daß mein Versuch gescheitert ist.'

AM FENSTER EINES WIRTSHAUSES BEIM STEINHUDER MEER
(Auf dem Nachhausewege 1945)

Die Apfelblüten tun sich langsam zu
beim Abendvers der süßen Vogelkehle.
Die Frösche sammeln sich am Fuß des Stegs,
die Biene summt den Tag zur Ruh —
nur meine Seele
ist noch unterwegs.

Die Straße sehnt sich nach der nahen Stadt,
wo in der Nacht das Leben weiterglimmt,
weil hier noch Herzen schlagen.
Wer jetzt noch kein Zuhause hat,
wenn ihn die Nacht gefangennimmt,
der muß noch lange fragen:

warum die Blumen leidlos sind —
warum die Vögel niemals weinen —
und ob der Mond wohl auch so müde ist —

Und dann erbarmt sich leis ein Wind des einen,
bis er — im Schlaf — die Welt vergißt.

'...Und ich ging immer gleich in die Küche. Da war es dann fast immer halb drei. Und dann, dann kam nämlich meine Mutter. Ich konnte noch so leise die Tür aufmachen, sie hat mich immer gehört. Und wenn ich in der dunklen Küche etwas zu essen suchte, ging plötzlich das Licht an. Dann stand sie da in ihrer Wolljacke und mit einem roten Schal um. Und barfuß. Immer barfuß. Und dabei war unsere Küche gekachelt. Und sie machte ihre Augen ganz klein, weil ihr das Licht zu hell war. Denn sie hatte ja schon geschlafen. Es war ja Nacht... Jetzt, jetzt weiß ich, daß es das Paradies war. Das richtige Paradies.'

WOLFGANG BORCHERT, dargestellt von Peter Rühmkorf romo 58.
Copyright © 1961 by Rowohlt Taschenbuch Verlag GmbH, Reinbek bei Hamburg.

Abbildung: Wolfgang Borcherts Geburtshaus in der Tarpenbekstraße 82 zu Hamburg.

FOTO-NACHWEIS

Grimmelshausen-Bücherei, Gelnhausen (Grimmelshausen)
Historia-Foto/Rowohlt 75 (Lessing)
Stadtverwaltung Reinfeld (Holstein) (M. Claudius)
Stadt Hilchenbach/Siegerland (Jung-Stilling)
Freies deutsches Hochstift, Goethe-Museum, Frankfurt/M. (Goethe)
Foto-Graeber, Marbach/Neckar (Schiller)
Staatsarchiv Basel (Hebel)
Schiller-Nationalmuseum, Marbach am Neckar (Hölderlin)
Hans Fehling, Fellbach bei Stuttgart (Kleist)
Stadtbibliothek Koblenz (Brentano)
Grimm/Quarta (privat) (Chamisso)
Hessisches Staatsarchiv Marburg/Lahn (Gebrüder Grimm)
Bürgermeisteramt Tübingen (Uhland)
Eichendorff-Museum, Wangen/Allgäu (Eichendorff)
Denkmalsamt Westfalen-Lippe (Rowohlt 130) (Droste-Hülshoff)
Fotohaus Wörmbcke, Düsseldorf/H. Heine-Institut (Heine)
Städtisches Verkehrsamt, Detmold (Grabbe)
Städtisches Museum Ludwigsburg (Mörike)
Historisches Bildarchiv Lolo Handke, Bad Berneck (Rowohlt 86) (Stifter)
Foto: Neubert, Berlin/Bild und Heimat. Reichenbach (Vogtland) (Reuter)
Städtisches Verkehrsamt, Detmold (Freiligrath)
Gemeindeverwaltung Riedstadt (Büchner)
Privat Familie Graba, Heide/Holstein (Hebbel)
Theodor-Storm-Gesellschaft, Husum (Storm)
Baugeschichtliches Archiv Zürich/Foto-Scherer, Zürich (G. Keller/C.F. Meyer)

Ullstein-Bilderdienst, Berlin (Rowohlt 145) (Fontane)
Stadt Eschershausen/Weserbergland (Raabe)
Wilhelm-Busch-Gesellschaft, Hannover (Busch)
Foto-Carstens, Kiel (Liliencron)
Katholische Arbeitsstelle (Nord) für Heimatvertr./Düsseldorf (Hauptmann)
Stadtarchiv Braunschweig (Huch)
Stefan-George-Gymnasium, Bingen (Dr. R. Wolff) (George)
Stadtarchiv München (Morgenstern)
Ed. Schünemann Verlag, Bremen (R.A. Schröder)
Historisches Museum der Stadt Wien, Österr. Nationalbibliothek Wien (Hofmannsthal)
Schiller-Nationalmuseum, Marbach (Rilke)
Senat der Hansestadt Lubeck (Thomas Mann)
Privatbesitz/Insel it 195 (G. von le Fort)
Ullstein-Bilderdienst, Berlin (Rowohlt 85) (Hesse)
Foto/Optik-Frey, Bad Tölz (Carossa)
Foto Marburg (Miegel)
Tucholsky-Archiv (Rowohlt 31) (Tucholsky)
Historisches Museum der Stadt Wien (Zweig)
Dr. Klaus Wagenbach, Berlin (Rowohlt 91) (Kafka)
Limes-Verlag, Wiesbaden (Benn)
Vereinigte Kapselfabr., Nackenheim (Zuckmayer)
Verlag der Kurverwaltung Bad Gastein/Foto: Zimburg (Waggerl)
Staats- und Stadtbibliothek Augsburg (Brecht)
Stadtgeschichtliche Sammlungen Baden-Baden (R. Schneider)
Stefan-Andres-Archiv 5558 Schweich (Andres)
Privatbesitz (Rowohlt 58) (Borchert)